社会交换理论视角下员工工作投入研究：以中国电脑销售人员为例

尹 楠 著

东南大学出版社
SOUTHEAST UNIVERSITY PRESS
·南京·

图书在版编目(CIP)数据

社会交换理论视角下员工工作投入研究：以中国电脑销售人员为例/尹楠著. —南京：东南大学出版社，2019.11
ISBN 978-7-5641-8619-7

Ⅰ. ①社… Ⅱ. ①尹… Ⅲ. ①电子计算机—销售 Ⅳ. ①F764

中国版本图书馆 CIP 数据核字(2019)第 256723 号

社会交换理论视角下员工工作投入研究：以中国电脑销售人员为例
Shehui Jiaohuan Lilun Shijiaoxia Yuangong Gongzuo Touru Yanjiu: Yi Zhongguo Diannao Xiaoshou Renyuan Weili

著　　者	尹　楠
出版发行	东南大学出版社
出 版 人	江建中
社　　址	南京市四牌楼 2 号(邮编：210096)
网　　址	http://www.seupress.com
责任编辑	孙松茜(E-mail：ssq19972002@aliyun.com)
经　　销	全国各地新华书店
印　　刷	虎彩印艺股份有限公司
开　　本	700 mm×1000 mm　1/16
印　　张	10.5
字　　数	212 千字
版　　次	2019 年 11 月第 1 版
印　　次	2019 年 11 月第 1 次印刷
书　　号	ISBN 978-7-5641-8619-7
定　　价	49.80 元

序

工作投入是伴随着积极心理学的兴起而衍生的概念，经过20多年的快速发展，已成为组织行为学领域的重要研究方向。工作投入是个体在工作中从生理、认知和情感多方位的积极融入状态。随着积极心理学的兴起，人们愈发关注积极的主观体验、积极的个体特质和积极的组织。工作投入作为一种重要的积极特质，自1990年Kahn提出以来，一直受到研究者和实践者们的青睐，包括心理学、社会学、管理学、人力资源管理和健康管理等多个领域。以往诸多研究从不同角度分析了工作投入在个人和组织间的相互影响，但却对工作投入形成的前因与后果没有形成统一的定论。因此，明确工作投入形成的前因与后果因素对科研和实践都具有重要意义。

销售人员是企业与顾客沟通的媒介，企业通过销售人员了解顾客的需求，同时也是销售人员让顾客了解了企业。企业通过销售人员与顾客的交往，向顾客宣传和销售了本企业的产品，从而在顾客心中树立了美好的形象。企业之所以非常重视销售人员，还有一个非常重要的原因，那就是销售人员的工作为企业带来了最直接的收益。一个企业只有将自己的产品销售出去，才能获得利润，才能保证企业的生存与发展。如果没有销售，顾客无法了解到企业的产品，企业就不可能获得利润，更不可能生存下去，因此可以说销售是企业所有活动中最为关键的一环。

由于各个领域的竞争越来越激烈，因此企业需要不断地进行调整，以便尽快适应不断变化的环境。然而在这个过程中，随着组织要求的不断调整，当销售人员面对过多的工作量而无法按时完成工作时就会出现工作倦怠现象，从而会使销售人员在内心产生不舒适感，进而影响到工作绩效。此外，随着职业竞争的加剧、生活节奏的加快，工作倦怠对人们身心健康的影响越来越大。销售人员的职业性质决定了从业人员所承受的心理压力与工作挑战高于常人。本研究尝试从工作投入的角度来研究销售人员的工作倦怠问题，从而为企业提高销售人员的工作绩效提供一些建议。

目　　录

第1章 绪 论

本章节首先介绍研究背景与动机，对员工工作投入的基本概况进行初步的了解，据此得出本研究的研究问题与研究目的，其次介绍本研究的研究价值，最后梳理出本研究的研究流程。

1.1 研究背景与动机

如今，员工和组织已成为一个相互依赖的利益共同体，员工需要通过工作投入(job engagement)从组织获取报酬，而组织需要员工的工作投入来获取绩效。由社会交换理论(social exchange theory)可知，员工与组织交换的隐含条件是双方通过交换各自特有的资源，从而达到互利的目的，其核心是自我利益和互相依赖①，员工与组织之间的互动基本上是一种交换过程，这种交换包括情感、报酬、资源、公正性等②。因此员工在与组织进行交换的过程中，付出工作投入，而组织则给予员工相应的报酬。

然而，现代社会中，快速的工作节奏和激烈的市场竞争在较大程度上影响着工作中的个体，组织通常要求员工产生高工作绩效。然而高工作绩效通常需要高度的工作投入③，过去这方面文献探讨比较多，但是高度的工作投入也可能带来工作倦怠(job burnout)，当员工在工作上投入过多精力，就可能会造成工作倦

---

① May D R, Gilson R L, Harter L M. The psychological conditions of meaningfulness, safety and availability and the engagement of the human spirit at work [J]. Journal of Occupational and Organizational Psychology, 2004, 77(1): 11-37.

② Befu H. Social exchange[J]. Annual Review of Anthropology, 1977, 6(1): 255-281.

③ Rich B L, LePine J A, Crawford E R. Job engagement: Antecedents and effects on job performance[J]. Academy of Management Journal, 2010, 53(3): 617-635.

怠的现象①。若组织要求员工一直处于高度的工作投入状态，员工甚至可能会产生对工作的抵触情绪，导致反生产行为（counterproductive work behavior）现象的出现。

因此组织在要求员工产生高额工作绩效的同时，需要重视由于员工高度的工作投入而引发的一系列负面影响结果。当员工在工作中产生工作倦怠时，其对工作上的事务将会缺乏动力。对企业而言，如果员工经常工作过于疲累、乏味而产生倦怠感，长期下来，将会对员工个人的工作绩效及企业的经营绩效有一定的影响。工作倦怠除对个体身心和工作产生影响外，也会影响个体所在组织的绩效②。因此现代企业经营管理者，需要在提高员工工作投入的同时，重视由于工作而引发的一系列负面效应。此为本研究的研究动机之一。

相反地，大部分人视工作投入作为积极的、充实的工作状态，其对工作的积极影响效果受到广泛认同③。工作投入，即员工个人会将自我充分融入其担任的工作角色之中，生理地、认知地、情感地专注及表现自己④，进而对其工作投入、满足及热爱⑤。组织相信当员工表现出高度工作投入时，将使组织各项正向成果（如员工留任率、顾客满意、财务绩效改善等）有更佳的表现⑥，因此工作投入相关的研究得到普及与重视。

研究已证实工作投入是预测工作表现的重要个人因素⑦，因此，工作投入在近年来得到了广泛的关注。实证研究表明，工作投入不仅能够提高员工的组织承诺（organizational commitment）、任务绩效（task performance）⑧、周边绩效

---

① Schaufeli W B, Bakker A B. Job demands, job resources, and their relationship with burnout and engagement: A multi-sample study[J]. Journal of Organizational Behavior, 2004, 25(3): 293-315.

② Rich B L, LePine J A, Crawford E R. Job engagement: Antecedents and effects on job performance[J]. Academy of Management Journal, 2010, 53(3): 617-635.

③ Saks A M. Antecedents and consequences of employee engagement[J]. Journal of Managerial Psychology, 2006, 21(7): 600-619.

④ Kahn W A. Psychological conditions of personal engagement and disengagement at work[J]. Academy of Management Journal, 1990, 33(4): 692-724.

⑤ Campbell J P. The role of theory in industrial and organizational psychology [M]//Dunnette M D, Hough L M. Handbook of Industrial and Organizational Psychology: Volume 1. 2nd ed. Palo Alto, California: Consulting Psychologists Press, Inc., 1990: 39-73.

⑥ Schneider B, Macey W H, Barbera K M, et al. Driving customer satisfaction and financial success through employee engagement[J]. People and Strategy, 2009, 32(2): 22-29.

⑦ Christian M S, Garza A S, Slaughter J E. Work engagement: A quantitative review and test of its relations with task and contextual performance[J]. Personnel Psychology, 2011, 64(1): 89-136.

⑧ Bakker A B, Bal M P. Weekly work engagement and performance: A study among starting teachers[J]. Journal of Occupational and Organizational Psychology, 2010, 83(1): 189-206.

(contextual performance)①和积极主动行为(proactive behavior)②,进而增加组织利润和提高顾客满意度(customer satisfaction)③,还能正向预测个人的健康水平④和主观幸福感(subjective well-being)⑤。因此,工作投入被视为影响员工个人正向行为结果的重要途径。

过去的研究普遍将工作投入界定为稳定、持久、具有倾向性的积极工作状态⑥,认为其无论是对员工个人,还是对组织都有正面的影响结果。但是这种积极主动的工作投入是否持续会带来正面的个人行为结果?一般员工在工作中不可能一直处于积极的工作投入状态,有可能也会产生工作倦怠等负面状态。本研究依据社会交换理论的观点,认为员工的工作投入是为了与组织进行某种形式的利益交换,因此员工在评估与组织的交换过程中,依据其付出的工作投入和得到的组织报酬之间的交换关系,并可能会产生不同的个人行为结果(individual behavioral outcomes),依次为任务绩效、组织公民行为、工作倦怠与反生产行为。此为本研究的研究动机之二。

但是员工为何愿意进行积极的工作投入?研究者们对工作投入的前因变量开展了研究。与工作特征有关的因素被证实对工作投入有影响,如:组织支持、管理者支持、组织认可度、组织公平都对工作投入有影响⑦。此外,文献研究发

① Halbesleben J R, Harvey J, Bolino M C. Too engaged? A conservation of resources view of the relationship between work engagement and work interference with family[J]. Journal of Applied Psychology, 2009, 94(6): 1452-1461.

② Salanova M, Schaufeli W B. A cross-national study of work engagement as a mediator between job resources and proactive behaviour[J]. International Journal of Human Resource Management, 2008, 19(1): 116-131.

③ Xanthopoulou D, Bakker A B, Demerouti E, et al. Reciprocal relationships between job resources, personal resources, and work engagement[J]. Journal of Vocational Behavior, 2009, 74(3): 235-244.

④ Xanthopoulou D, Bakker A B, Demerouti E, et al. Work engagement and financial returns: A diary study on the role of job and personal resources[J]. Journal of Occupational and Organizational Psychology, 2009, 82(1): 183-200.

⑤ Xanthopoulou D, Bakker A B, Ilies R. Everyday working life: Explaining within-person fluctuations in employee well-being[J]. Human Relations, 2012, 65(9): 1051-1069.

⑥ Schaufeli W B, Salanova M, González-Romá V, et al. The measurement of engagement and burnout: A two sample confirmatory factor analytic approach[J]. Journal of Happiness Studies, 2002, 3(1): 71-92.

⑦ Saks A M. Antecedents and consequences of employee engagement[J]. Journal of Managerial Psychology, 2006, 21(7): 600-619.

现，工作要求(job demands)①、可得的工作资源(job resource)②、主管与员工目标一致性(goal congruence)③、知觉组织支持(perceived organizational support)④、顾客导向(customer orientation)⑤等因素都能激发员工更加努力投入工作，但是这些影响因素大部分属于影响工作投入的组织内部因素。员工依靠组织内部因素的支持可能仅能在短期内提高工作投入，员工持续性的工作投入还是需要由其价值观来决定的。因为价值观是个人在早期社会化过程中形成的一种对客观事物的看法或评价，具有相对的稳定性和持久性，在特定的时间、地点、条件下，人们的价值观总是相对稳定和持久的。价值观也是一种评价做事情的标准，从符合工作特性的价值观出发，员工的工作投入能够带来比较正面的个人行为结果，因为员工在工作中遇到工作挑战或挫折，不能仅靠组织因素的支持来解决问题，最终还是需要通过个人价值观的引导持之以恒地付出工作投入。现有研究普遍将工作投入界定为稳定、持久、具有倾向性的积极工作状态，并不是一种短暂(transient)的体验⑥，员工持久性的工作投入需要靠员工的价值观来实现，因此从员工价值观的角度去研究工作投入，为研究动机之三。

因为工作投入受到员工的价值观的影响，所以员工在工作中遇到困难或挑战，可能因正向的价值观就会坚持工作，不放弃，因为价值观是一种稳定的个人价值导向。员工的价值观不仅可引导个人工作行为，更可作为个人追求工作目

---

① Garrick A, Mak A S, Cathcart S, et al. Psychosocial safety climate moderating the effects of daily job demands and recovery on fatigue and work engagement[J]. Journal of Occupational and Organizational Psychology, 2014, 87(4): 694-714.

② Schaufeli W B, Bakker A B. Job demands, job resources, and their relationship with burnout and engagement: A multi-sample study[J]. Journal of Organizational Behavior, 2004, 25(3): 293-315.

③ Clercq D, Bouckenooghe D, Raja U, et al. Unpacking the goal congruence — organizational deviance relationship: The roles of work engagement and emotional intelligence[J]. Journal of Business Ethics, 2014, 124(4): 695-711.

④ Zhong L, Wayne S J, Liden R C. Job engagement, perceived organizational support, high-performance human resource practices, and cultural value orientations: A cross-level investigation[J]. Journal of Organizational Behavior, 2016, 37(6): 823-844.

⑤ Yoo J J, Arnold T J. Customer orientation, engagement, and developing positive emotional labor[J]. Service Industries Journal, 2014, 34(16): 1272-1288.

⑥ Schaufeli W B, Salanova M, González-Romá V, et al. The measurement of engagement and burnout: A two sample confirmatory factor analytic approach[J]. Journal of Happiness Studies, 2002, 3(1): 71-92.

标的方向与选择工作时的标准①。价值观也会影响个人加入与留在组织的决定，以及为组织努力工作的意愿②。因此了解员工的价值观，有助于发展与之相适应的管理方式，提高员工的工作投入，进而提高其工作绩效。企业在招聘新进员工时，可以把员工的价值观导向作为选拔人才的有效依据。

整合上述研究得以发现，工作投入的前因可归属于员工价值观，故从价值观角度出发，员工评价与组织的交换关系是否合理，即付出工作投入能否获得相应的组织的报酬，从而付出相应的工作投入，在此过程中，可能会受到主管和员工自身吸引力(attractiveness)的影响。魅力领导(charismatic leadership)属于一种主管对员工的吸引力，而自恋(narcissism)属于一种员工对自己的吸引力。

领导者的领导行为可能会影响员工在工作中的表现。魅力型领导者以其自身的言行和举止对部属起到示范作用，对于塑造部属的认知及行为有着重大的意义③。一般来说，主管的魅力领导水平越高，员工在用价值观评估与组织的交换过程中，由于受到主管魅力领导的吸引，可能更加愿意接受主管的指令和要求，更加愿意与组织进行交换，积极地付出工作投入，因此魅力领导可能会影响到员工用价值观去评估是否付出工作投入的过程。

自恋作为一种个性特质(personality)，是人类与生俱来的本性，会影响人的态度和行为，其特征为过度膨胀与浮夸的自我概念，抱持着不切实际与过度自信的自我观点。为了维持膨胀的自我概念，会不断地从环境中寻找外在的注意与增强，其焦点都集中在自我④。一般来说，自恋程度高的人，比较注重自我，受到自我的吸引，对自己想要去交换的东西评价比较高，因此可能就难以交换到有价值的东西。由此可见，自恋可能会影响到员工用价值观评估是否付出工作投入的过程。

这两种吸引力均会影响员工用价值观去评估是否付出工作投入的过程。因此选取魅力领导与自恋作为影响员工用价值观评估是否工作投入的影响因素，为研究动机之四。

---

① Catherine L, Julian B. Young workers' work values, attitudes, and behaviours[J]. Journal of Occupational and Organizational Psychology, 2001, 74(4): 543-558.

② Ouweneel A, Le Blanc P M, Schaufeli W B, et al. Good morning, good day: A diary study on positive emotions, hope, and work engagement[J]. Human Relations, 2012, 65(9): 1129-1154.

③ Avolio B J, Walumbwa F O, Weber T J. Leadership: Current theories, research, and future directions[J]. Annual Review of Psychology, 2009, 60(1): 421-449.

④ Pincus A L, Lukowitsky M R. Pathological narcissism and narcissistic personality disorder[J]. Annual Review of Clinical Psychology, 2009, 6(1): 421-446.

根据社会交换理论的观点，员工对于工作的投入及努力，是期望从工作中获得某些预期的回馈(feedback)①。员工在工作投入之后，对于从组织那里得到的报酬的衡量是主观的，可能会觉得公平或不公平。组织公平是组织内员工对与个人利益有关的组织制度、政策和措施的公平感受②，因此组织公平可以作为员工评估与组织的交换关系是否公平的重要依据。

员工在评估与组织的交换过程中，依据其付出的工作投入和得到的组织报酬之间的交换关系，可能会产生不同的个人行为结果。若员工评估付出的工作投入与获得的组织报酬之间是公平的关系，员工将可能会产生比较正面的个人行为结果。按照社会交换理论的观点，如果组织的公平程度越高，员工在评估付出工作投入与得到组织报酬的过程中，可能感受到的公平程度就越高。因此，探讨组织公平对员工工作投入与个人行为结果之间的影响，为研究动机之五。

基于上述理论研究背景的探讨，本研究选择电脑销售人员作为研究对象。因为销售工作依靠个人业绩提成，主要是依靠个人的努力去完成销售任务③；而且销售业绩的波动性较大，意味着从事销售工作具有不稳定性，面临的风险比较大④，因此在传统上销售人员的价值观可能偏向于个人主义(individualism)与低不确定性规避(low uncertainty avoidance)价值观。集体主义价值观的销售人员趋向于团队合作的销售模式，这种销售模式可能比依靠个人主义的销售有更多的优点，比如可以降低销售成本、避免风险，而高不确定性规避价值观的销售人员追求稳定的工作保障，规避可能发生的风险为未来做准备，因此相较于低不确定性规避价值观的销售人员，高不确定性规避价值观的销售人员对组织的忠诚度更高，并且会保持努力工作的紧迫感和进取心，可能比低不确定性规避价值观的销售人员更有优势。因此本研究以电脑销售人员为例，探讨集体主义和高不确定性规避价值观是否会增加员工的工作投入，并结合社会交换理论的观点，试图探讨销售人员工作投入的前置因素与影响结果，并从销售人员的样本研究

① Kim H J, Shin K H, Swanger N. Burnout and engagement: A comparative analysis using the big five personality dimensions[J]. International Journal of Hospitality Management, 2009, 28(1): 96-104.

② Greenberg J. Organizational justice: Yesterday, today, and tomorrow [J]. Journal of Management, 1990, 16(2): 399-432.

③ Brewer G. Mind reading: What drives top salespeople to greatness[J]. Sales and Marketing Management, 1994, 146(5): 82-87.

④ Brown S P, Peterson R A. The effect of effort on sales performance and job satisfaction[J]. Journal of Marketing, 1994, 58(2): 70-80.

中，衍生出一般员工工作投入的问题与对策，以期对组织的管理实务提供帮助。

1.2 研究问题

基于上述的研究背景与动机，本研究先以文献探讨的方式来了解各研究变量的相关关系，再以问卷调查的方式，以电脑销售公司中的销售人员为研究对象，以实证来了解销售人员的价值观、工作投入、工作倦怠、任务绩效、组织公民行为等概况，并探讨工作投入的前因与后果。本研究拟基于社会交换理论来探讨几个问题：

（1）员工是否愿意付出工作投入？个人价值观对工作投入的影响有多大？

（2）若员工愿意付出工作投入，其付出的工作投入是否能带来正面的个人行为结果？

（3）集体主义与高不确定性规避价值观的员工是否比个人主义与低不确定性规避价值观的员工有更好的工作投入表现？

1.3 研究目的

基于上述研究背景与动机，本研究基于社会交换理论的观点，探讨员工价值观对工作投入的影响，以及工作投入可能会产生哪些正负面的个人行为结果。并探讨在员工自恋、主管魅力领导以及组织公平三个因素影响之下，上述的影响过程有何变化。具体来说，本研究的研究目的可以归纳如下：

（1）基于社会交换理论的观点，探讨员工的工作投入之前因与后果。

（2）探讨员工的价值观（包括集体主义和不确定性规避）对工作投入的影响。

（3）探讨员工的工作投入可能产生的个人行为结果。

（4）探讨主管魅力领导与员工自恋对员工价值观与工作投入之影响。

（5）探讨组织公平（包括分配公平、程序公平、互动公平）对员工工作投入与其产生的个人行为结果之影响。

1.4 研究价值

（1）传统的观点认为，努力就能获得回报，努力地工作就一定能获得相应的回报吗？这是一个值得进一步探讨的问题。我们一般认为，被动、防御性的工作投入容易引发抵触情绪，容易导致工作倦怠，但积极主动性的工作投入是否一定能够带来正面的工作绩效？高度的工作投入是否会导致负面影响？本研究正是在这种研究思路下，即员工积极主动的工作投入状态下，期望找到员工工作投入的结果。

(2) 员工的工作投入程度，主要受到员工工作目标、价值观、自身努力程度等影响，而价值观作为员工自身的思想行为导向，影响员工工作意愿或目标，进而影响其努力程度及工作表现。价值观是个人对工作持久性的信念，能反映个人的需求与个人重视的工作类型或环境偏好，并引导个人的工作行为，可作为个人追求工作目标的方向和选择工作时的标准①。员工的价值观会影响个人加入与留在组织，并为组织努力工作的意愿②。因此，组织深入了解员工的价值观，并充分了解应征者是否具备应有的价值信念，并将其作为甄选录用之参考依据，已成为现今企业相当重要的议题。企业在招聘新进员工时，也需要去了解人才的价值观导向，可以将其作为企业选拔人才的有效依据。只有员工的价值观符合所从事工作的特征与要求，员工才能积极主动地付出工作投入，进而增加工作绩效。

(3) 根据社会交换理论的观点，员工是否愿意与组织进行交换，首先涉及员工如何去评价交换后从组织获得的回报，即员工付出工作投入是希望从组织那里获得相应的报酬。在本研究中，员工用价值观去评估付出工作投入是否能够从组织那里获得报酬，员工只有认为付出工作投入能够得到报酬，才可能会付出工作投入。因此，本研究从社会交换理论的角度，探讨组织如何提高员工工作投入的心理报酬，进而提高员工工作的积极性。

1.5 研究流程

为了验证上述的研究问题，本研究首先以研究背景来推导出其研究动机；再借由搜集各研究变量的相关文献，将其汇整、探讨，以确立出研究架构与假说；接着进行问卷设计并实施前测，确立好问卷后开始发放问卷，并陆续进行问卷回收

① Catherine L, Julian B. Young workers' work values, attitudes, and behaviours[J]. Journal of Occupational and Organizational Psychology, 2001, 74(4): 543-558.

② Judge T A, Bretz R D. Effects of work values on job choice decisions[J]. Journal of Applied Psychology, 1992, 77(3): 261-271.

的动作；然后将回收的问卷进行数据处理，并选用适当的统计方法进行资料分析；最后，根据分析后的资料，提出具体的结论与未来建议。本研究流程如图 1-1所示。

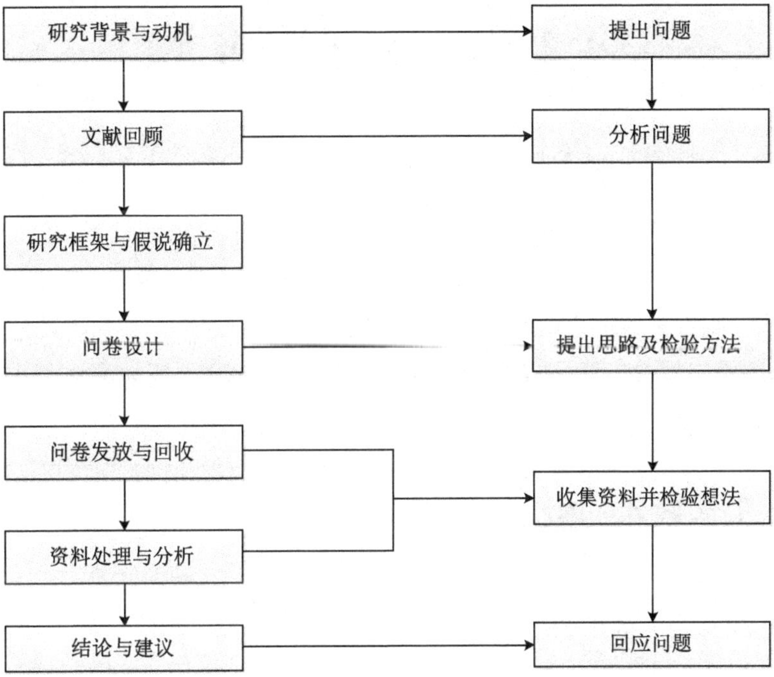

图 1-1　研究流程

第2章 文献回顾

本章节旨在探讨工作投入相关之文献，梳理目前学者对于工作投入的前因与后果之探讨。经归纳整理，本章节首先介绍本研究的理论基础，即社会交换理论；其次介绍过去的理论观点对工作投入的解释，以及影响工作投入的前置因素与结果因素的相关文献；最后从社会交换理论的视角，引入本研究对工作投入的相关解释。

2.1 工作投入的概念与视角

2.1.1 工作投入的概念

Kahn① 首次提出在工作中的个人投入（personal engagement）概念。如 Kahn 所描述的，他基于 Goffman 的理论，得到适合组织的新概念——个人投入。他将个人投入定义为组织成员能够全身心融入工作角色，自由表达自我。通过深度采访和人种志研究，Kahn 发现工作投入的个体会表现为：生理上积极主动参与到任务中；认知上保持谨敏、专注；情绪上，能够表达自己在工作中的思想和感受、自己的创造力、信仰和价值，而且能够在工作中与他人产生共情、建立良好的个人关系。Kahn 的工作投入概念明确地提出了生理、认知和情绪的三个维度，并认为这种状态极大地受三个心理前提条件影响——意义感、安全感和可获得性。

Rothbard② 在研究工作和家庭的角色投入时，采用了 Kahn 1990 年对

① Kahn W A. Psychological conditions of personal engagement and disengagement at work[J]. Academy of Management Journal, 1990, 33(4): 692-724.

② Rothbard N P. Enriching or depleting? The dynamics of engagement in work and family roles[J]. Administrative Science Quarterly, 2001, 46(4): 655-684.

投入的定义，但 Rothbard 只关注了角色投入中的两个关键因素：个体在角色中的注意(attention)和专注(absorption)。其中，注意指的是认知可获得性和个体在考虑不同角色上所花费的时间；而专注是在角色中全神贯注，意味着一个人关注角色的强度。所以说，Rothbard 研究的投入只关注了 Kahn 定义的工作投入中的认知维度，并没有对情绪和生理方面进行研究。

May, Gilson 和 Harter① 基于 Kahn 提出的工作投入概念，首次对其三个心理前提条件(安全感、意义感和可获得性)进行了实证研究。该研究将投入从认知、情绪和体能(physical energy)三个维度进行测量，得到这三者与三个心理前提条件之间的相关性。Crawford, LePine 和 Rich② 则根据 Kahn 的研究总结出工作投入是一个多维动机概念，是个体在工作中整体的、全方位的投资，是连接个人特质、组织因素和工作绩效之间的完满构念。

Mushlin, Deci 与 Gagné③ 认为高工作投入的成员较低工作投入的成员更会认同目前的工作并有较为强烈的工作动机。Osteraker④ 认为除了个人所认定的工作重要程度之外，工作投入还需要和个人的自我价值符合，若是工作符合个人的自我价值，此时投入工作就能提升个人自我价值，将使得个人的工作投入提升。

综合以上学者之研究，可以发现工作投入在实际上包含多种层面的工作态度，区分个人对工作的承诺以及关心工作的程度，也是个人认同自己的工作和心理状态，因此影响工作投入的主要因素是来自个人特质、情境特性及工作结果等。故本研究对工作投入的定义为个人认同工作是重要的，工作是生活的一大部分，以及愿意投入时间从事工作，并且在乎他人对个人工作是否做好的评价。

---

① May D R, Gilson R L, Harter L M. The psychological conditions of meaningfulness, safety and availability and the engagement of the human spirit at work[J]. Journal of Occupational and Organizational Psychology, 2004,77(1): 11-37.

② Crawford E R, LePine J A, Rich B L. Linking job demands and resources to employee engagement and burnout: a theoretical extension and meta-analytic test[J]. Journal of Applied Psychology, 2010, 95(5): 834-848.

③ Mushlin A I, Deci E L, Gagné M, et al. Motivation for behavior change in patients with chest pain[J]. Health Education, 2005, 105(4): 304-321.

④ Osteraker M C. Measuring motivation in a learning organization[J]. Journal of Workplace Learning, 2013, 11(2): 73-77.

2.1.2 工作投入的研究视角

同其他许多心理学术语一样，工作投入的概念一经提出，便出现了不同的界定方法。学者们从不同的角度出发，提出了不同的工作投入定义及维度理论。虽然目前还没有一种大家所公认的观点，但是有三种比较有代表性的研究途径，下面分别加以说明。

(1) 基于人种学(ethnology)视角的思考

工作投入的提出，最早可以追溯到 1990 年。美国波士顿大学(Boston University)的 Kahn① 在早期人种学研究的基础之上，采用质化的理论生成方法，以夏令营顾问和建筑公司员工为研究对象，首次提出了工作投入的概念。其指出工作中的投入是“组织成员控制并利用自我，从而使自我同工作角色相融合”。这一观点强调了工作投入中“我是谁?”和“我的工作是什么?”的统合性，认为两者不应顾此失彼。对“自我”和“工作角色”的统合性越强，组织成员的工作表现就越出色，对“角色中的自我(self-in-role)”就越满意。但是 Kahn 将工作中个体的投入看作是某一时刻的投入，是暂时的，会随着自我和工作角色的结合或分离有起伏，因此自我与工作角色实际上处于一个动态和相互协调的过程中。当个体将自己的精力投入到角色行为中，并在角色中展现自我时，个体处于工作投入状态；当个体将自我抽离于工作角色之外，并压抑自我在角色中的表现时，个体处于工作不投入状态。在 Kahn 看来，投入是“工作角色中的自我”在生理(physical)、认知(cognitive)和情感(emotional)三方面的展现。在此基础上，其通过调查研究指出，工作投入主要受到心理意义感(psychological meaningfulness)、心理安全感(psychological safety)以及心理可获得性(psychological availability)等三种心理状态的影响，并进而提出深入探索有意识现象和无意识现象的情感反应，研究工作环境及工作角色主观特点，以此通过对微观世界的聚焦，去放大宏观世界的必要性。

Kahn 从崭新的人种心理学角度对工作投入进行了开创性探索，充分肯定了积极的心理状态——投入对工作绩效以及组织稳定性等方面的影响，并对影响工作投入的心理状态加以分析。虽然这项开创性的工作提出了一个综合理论

① Kahn W A. Psychological conditions of personal engagement and disengagement at work[J]. Academy of Management Journal, 1990, 33(4): 692-724.

模型,但其不足在于不能对工作投入的概念进行操作化测量,所以在当时并没有得到热烈的响应。但是近年来,随着工作倦怠研究的深入,以及积极心理学思潮的兴起,越来越多的学者开始了对工作投入的研究。May, Gilson, and Harter① 在 Kahn 的观点的基础上,同样从生理层面、情感层面和认知层面对工作投入进行了界定,并进行了一项实证研究。结果显示:心理意义感、心理安全感和心理可获得性三种心理状态对个体的工作投入均具有显著的正面影响,其中尤以心理意义感的影响强度最大。

(2) 基于人力资源管理视角的思考

Harter, Schmidt 及 Hayes② 以美国 36 家公司的 7 939 个商业单位为调查对象,运用盖洛普民意测验(Gallup poll)对工作投入进行元分析。他们认为工作投入表现为两方面:"一方面,员工清楚工作要求自己做什么、怎样做,清楚完成工作需要具备什么样的能力;另一方面,在工作中,员工时常能获得意义感和满足感,并且认为同值得信任的同事一起工作时自己是不可或缺的,对未来的发展和提升充满希望。"Harter 等对工作投入的描述性定义,强调从业者在认知上对工作任务的警觉性,以及在情感上同工作的关联性,反映出从业者对工作的熟悉程度非同一般,并且在工作中受到了一定的重视。此种界定方式具有很强的应用性和实践性,范围较为宽泛。但是由于这种以人力资源实践为基础的工作投入界定方法,更多的是强调组织环境对从业者的要求和领导支持的作用,而较少涉及从业者对工作任务积极主动的全身心付出。与其说是对工作投入的界定,还不如说对工作投入原因的界定。此外,虽然盖洛普民意测验预测的准确性较高,但是这种以实践为导向的概念界定方法缺乏理论支撑。在此基础上,有研究者单纯地针对从业者与工作的关联性,提出了类似于工作投入的术语——连接感。他们认为连接感是指"履行工作任务是有趣并且重要的,是受组织和他人欣赏与尊重的,并且个体价值同组织价值是密不可分的",并把工作倦怠和工作连接感作为相对的概念加以研究。虽然此种界定是一种大胆的尝试,但并不能展现工作投入的全貌,且难以令人信服。

---

① May D R, Gilson R L, Harter L M. The psychological conditions of meaningfulness, safety and availability and the engagement of the human spirit at work [J]. Journal of Occupational and Organizational Psychology, 2004,77(1): 11-37.

② Harter J K, Schmidt F L, Hayes T L. Business-unit-level relationship between employee satisfaction, employee engagement, and business outcomes: a meta-analysis [J]. Journal of Applied Psychology, 2002, 87(2): 268-279.

(3) 基于工作倦怠研究的反向思考

工作倦怠研究的深入使研究者们不再拘泥于工作带给人们的负向作用，为此，一些工作倦怠研究者开始了对工作投入这一积极职业心理状态的探讨。因为工作投入的介入是由对工作倦怠的研究所引发的，所以多数研究认为工作倦怠和工作投入是息息相关的，工作投入是工作倦怠研究的衍生品，对工作投入的研究已经成为工作倦怠研究中必不可少的一个环节。以 Maslach，Schaufeli 及 Leiter① 为代表的研究者，基于工作倦怠和工作投入的关系，分别对工作投入加以界定。

Maslach 等将工作投入与工作倦怠看作是与工作健康状态相关的连续体的两端，两者的内在维度是一致的，并认为工作倦怠是工作对从业者工作投入的消耗与侵蚀。工作投入所表现出的精力(energy)、涉入(involvement)和效能感(efficacy)，在一定条件的作用下，转化成了工作倦怠所表现出的耗尽(exhaustion)、讥诮(cynicism)和低职业效能(lack of professional efficacy)。间接的，工作投入也就成了工作倦怠的反向代名词。也就是说，投入高的个体具有一种精力充沛的感觉，能有效地进入工作状态并能与他人和谐相处，而且自我感觉能够完全胜任工作，积极满足工作提出的各种要求；与之相对，倦怠高的个体，则与工作、他人处于一种疏离的状态，并有一种无效能感和耗竭感。

Schaufeli，Salanova 及 González-Romá 等②通过对投入水平较高员工的访谈，采用另一种途径来定义工作投入的概念。提出：同工作倦怠相反，工作投入表现为从业者在工作中充满活力感，将自己同工作紧密地联系在一起，并自信有能力妥善地应对各种工作要求。通常将工作投入定义为一种积极的、令人满足的、与工作相关的心理状态。以活力(vigor)、奉献(dedication)与专注(absorption)为特征。活力表现为在工作中精力充沛、富有韧性、积极努力，勇于克服困难；奉献表现为对工作热情的投入，能够从工作中感受到自己存在的意义，富有激情、充满灵感与自豪感、敢于接受挑战；专注表现为工作时注意力高度集中，并快乐地沉浸其中，任凭时间飞逝也很难从工作状态中脱离出来。也就是说，相对于工作倦怠过程中出现的空虚感，工作投入令人满意、令人高兴。工作

① Maslach C, Schaufeli W B, Leiter M P. Job burnout[J]. Annual Review of Psychology, 2001, 52(1): 397-422.

② Schaufeli W B, Salanova M, González-Romá V, et al. The measurement of engagement and burnout: A two sample confirmatory factor analytic approach[J]. Journal of Happiness Studies, 2002, 3(1): 71-92.

投入并非一种瞬间的、具体的情绪状态，而是一种持续的、蔓延的心境，是一种不受任何特殊个体、客体、事件和行为影响的情感认知状态，同时也有别于个体的人格特征。

(4) 观点总结

从上述对工作投入的不同界定，可以发现这些界定各有异同，但是无外乎强调个体同工作角色的"吻合"，抑或强调个体同工作的关联，抑或强调个体在工作中的积极表现。仔细从多个角度、多个侧面深入认识工作投入的内容和本质，可以发现目前 Schaufeli 等①对工作投入的概念界定相对全面。虽然有学者认为对工作投入的界定缺乏坚实的理论基础，只不过是工作倦怠的各个维度相反面的代名词，并认为工作投入的三个维度同其他相关的心理学概念有所重合。但是从发展趋势看，工作投入的研究，的确是由对工作倦怠的研究所引发的，虽然较早就有人如 Kahn 提出了工作投入的概念，但是这种研究只是万里长征的第一步，需要不断地发展与完善。在工作投入概念提出的十多年后，受工作倦怠研究的启发与积极心理学思潮的影响，研究者从与工作倦怠相反的视角对工作投入加以界定，是无可厚非的。况且这种工作投入的界定方法虽囿于工作倦怠的相反面，但是在某种程度上，也沿袭了最初对工作投入的界定模式。实际上，活力反映的是工作投入的情感层面，奉献代表的是工作投入的行为层面，而专注意味的是工作投入的认知层面。

无论采取何种定义方式，工作投入都可以表述为，一种经过努力而获得满足的，具有持续性、积极性、主动性的心理状态。简言之，工作投入就是在工作中充满热情、积极奉献、主动融入。

2.1.3 工作投入与相似概念的区分

在工作投入概念产生之前，已有很多研究关注工作涉入（job involvement)、工作满意度（job satisfaction)、组织承诺（organizational commitment)等重要概念。工作投入从积极特质角度去研究工作与个人之间、工作与组织之间的关系，不免会被质疑与已有的相似概念重复。因此，有必要对这些概念加以区分。

---

① Schaufeli W B, Salanova M, González-Romá V, et al. The measurement of engagement and burnout: A two sample confirmatory factor analytic approach[J]. Journal of Happiness Studies, 2002, 3(1): 71-92.

(1) 工作投入与工作涉入

工作涉入作为与工作投入概念上最容易混淆的概念，它的研究要早于工作投入。工作涉入的个体会表现出如下特点：发现工作有动力且具有挑战性；对工作、特定的任务和组织有承诺，且不倾向于离职；在职业关系上与管理者关系较近，因此会获得良好的反馈①。因此，工作涉入是主要与认知相关的概念，是个体通过投资到工作中的认知能量来维持与工作相关的角色②。而按照 Schaufeli, Salanova 及 González-Romá③ 的看法，工作投入包含认知、情感和体能三个层面的内容。Hallberg 和 Schaufeli④ 通过实证研究得出工作投入与工作涉入是两个相关($r=0.35$)但却不重合的独立概念。

(2) 工作投入与组织承诺

大多数关于组织承诺的研究关注的都是态度和情感，指的是员工及其组织基于共享的价值和兴趣建立起的情感依托。通常，有效的组织承诺更依赖于工作特征而不是个人因素。因此，组织承诺更是一个外在驱动而不是内在驱动的概念。并且，组织承诺侧重于行为的意图，而工作投入则意味着行为已经在进行中。Hallberg 和 Schaufeli 的实证研究发现，组织承诺和工作投入相关($r=0.46$)却又是两个独立的概念。

(3) 工作投入与工作满意度

Locke 和 Latham⑤ 将工作满意度定义为一种开心和积极的情绪状态，这种情绪状态是从工作的奖励而来，或者是从工作实现了个人需求和重要的工作价值观而来。由此可见，工作满意度主要是个体对工作本身和工作结果的一种

---

① Hallberg U E, Schaufeli W B. "Same same" but different? Can work engagement be discriminated from job involvement and organizational commitment? [J]. European Psychologist, 2006, 11(2): 119-127.

② Crawford E R, LePine J A, Rich B L. Linking Job Demands and Resources to Employee Engagement and Burnout: A Theoretical Extension and Meta-Analytic Test [J]. Journal of Applied Psychology, 2010, 95(5): 834-48.

③ Schaufeli W B, Salanova M, González-Romá V, et al. The measurement of engagement and burnout: A two sample confirmatory factor analytic approach[J]. Journal of Happiness Studies, 2002, 3(1): 71-92.

④ Hallberg U E, Schaufeli W B. "Same same" but different? Can work engagement be discriminated from job involvement and organizational commitment? [J]. European Psychologist, 2006, 11(2): 119-127.

⑤ Locke E A, Latham G P. Work Motivation and Satisfaction: Light at the End of the Tunnel[J]. Psychological Science, 1990, 1(4): 240-246.

情感体验，而工作投入不仅包括积极的情绪感受，还包括认知和行为的正向体验。在以往研究中，往往将工作满意度作为工作投入的结果变量①。Crawford，LePine及Rich②发现工作满意度与任务绩效和组织公民行为之间的相关系数分别为0.14和0.15，而工作投入与任务绩效和组织公民行为之间的相关系数分别为0.25和0.27，也说明工作满意度和工作投入存在显著的差别。

然而，工作投入与这些概念还是有实质性区别的。首先，工作投入是从健康心理学角度提出的，工作投入不仅关注个体与工作的关系，还关注其对个体身心健康的影响，而其他概念均未涉及此点。其次，在描述个体与工作的心理关系时，这些概念所针对的对象也各有侧重。工作满意度是指工作在多大程度上满足个体自我实现的需要，带来满足感，又或者是工作在多大程度上把员工从麻烦和不满中解脱出来。可见，工作满意度只反映了个体的主观体验，而没有描述个体与工作本身的关系。至于组织承诺，尽管其中的情感承诺（affective commitment）与工作投入有一定相似，但组织承诺强调个体对组织的情感依赖，更多的是关注个体与组织的雇佣关系，而非工作投入所关注的个体与工作的关系。另外，在目前的研究中，组织承诺更多地被看作工作投入的结果变量。工作涉入与工作投入中的涉入/奉献维度很相像，但在描述员工与工作的关系时，工作投入的内涵比工作涉入更加丰富和全面，不仅仅包括了涉入，还包括精力/活力、高效能感和专注等方面。

工作投入与这些概念的区别得到了实证研究的支持。当把工作投入与工作涉入和情感承诺共同做验证性因素分析时，三个潜变量的结构明显优于单潜变量结构，这三个概念仅为中度相关，相关系数在0.35～0.46。此外，三者与员工的工作特征、内部工作动机、离职意向和身心健康等变量的关系也不尽一致。工作涉入的模式与其他两个概念有较大差异，它与员工的身心健康无显著关系，而与员工的内部工作动机显著相关；尽管情感承诺的模式与工作投入相类似，但与这些变量的相关关系的强度明显弱于工作投入。

① Saks A M. Antecedents and consequences of employee engagement[J]. Journal of Managerial Psychology，2006，21(7)：600-619.

② Crawford E R，LePine J A，Rich B L. Linking Job Demands and Resources to Employee Engagement and Burnout：A Theoretical Extension and Meta-Analytic Test[J]. Journal of Applied Psychology，2010，95(5)：834-848.

2.2 本研究中工作投入涉及的相关概念

(1) 集体主义

集体主义是指个体把自己看作是互赖的，是一个社会或者团体的成员；相对地，个体主义是指个体把自己看作独立的，与其他个体间的联系是松散的。集体主义与个体主义最初是 Hofstede[①] 用来解释文化差异的重要维度之一。Hofstede 在其文化维度理论(Theory of Cultural Dimensions) 中提出了个人主义(Individualism)、集体主义(Collectivism)文化(IC)这一概念。迄今为止，该理论是文化研究领域最具影响力的一个理论，Hofstede 也被誉为“IC 之父”。通过对分布在不同国家和地区的 IBM 员工进行调查研究，Hofstede 提出了四个文化维度：权力距离、个人主义/集体主义、不确定性规避、男性化倾向/女性化倾向。其中，个人主义/集体主义维度的提出推动了后续跨文化研究的蓬勃发展。在该理论中，个人主义、集体主义是指社会对于个人成就以及人际关系的认可程度，其大小可通过个人主义指数(IDV)来测量。这一指数的数值越大，说明社会的个人主义倾向越明显，即社会中更注重个性以及个人权利，如美国；反之，数值越小，则说明该社会的集体主义倾向越明显，表明该社会更强调个体之间联系的紧密性，如日本等大多数亚洲国家。

但研究者对于个人主义、集体主义概念的界定仍未达成共识[②]。Triandis 等[③]认为个人主义、集体主义不是简单的一个或两个维度的概念，而是一个包括很多方面的文化综合体。其主要包含：个体对自我的定义；个人目标与群体目标的相对重要性；个人态度和社会规范决定个体行为时的相对重要性；完成任务和人际关系对个体的相对重要性；个体对内群体和外群体的区分程度。此外，其他学者也对个人主义、集体主义的内涵的不同方面进行了诠释[④]。

有学者指出，相对于国家和个体层次的集体主义，团队层次集体主义氛围的

---

① Hofstede G. Culture and Organizations[J]. International Studies of Management & Organization, 1980, 10(4): 15-41.

② Mateo M M, Cabanis M, Stenmanns J, et al. Essentializing the binary self: individualism and collectivism in cultural neuroscience[J]. Frontiers in Human Neuroscience, 2013, 7(26): 289.

③ Triandis H C. Handbook of industrial and organizational psychology[J]. Industrial & Organizational Psychology, 2009.

④ Oyserman D, Coon H M, Kemmelmeier M. Rethinking individualism and collectivism: evaluation of theoretical assumptions and meta-analyses[J]. Psychological Bulletin, 2002, 128(1): 3-72.

相关研究还非常少①。由于团队在当代组织中具有越来越重要的意义,团队层次的集体主义也越来越得到学界的重视②。由于特定的假设、规范和信念等会以团队为单位分享、内化和实施,所以团队可以有独特的价值观念或文化氛围③。就集体主义氛围而言,当一个团队中具有集体主义导向的员工多时,就拥有了高的集体主义氛围④。根据这一定义,团队集体主义氛围是在团队层次上与个体层次的集体主义导向相对应的概念,可以通过计算团队中所有成员的集体主义导向的均值来测量。团队的集体主义氛围,是因为员工个体网络中心性而形成的,其很大程度上要取决于团队中其他同事们的态度与认知⑤。

(2) 不确定性规避

不确定性规避指的是人们忍受模糊(低不确定性规避)或者感到模糊和不确定性的威胁(高不确定性规避)的程度。显然,不确定性规避的核心就是认为未来不可知。虽然可能每个人都在预测未来,但是没有人能够丝毫无误地预知下一刻、下一天、下一年或下十年会发生什么事情。Hofstede 用不确定性规避一词来"界定一种程度,一种当人们遇到混乱不清、难以预测的情况时所感到的不安程度。通过对严格的行为方式的遵循和对绝对真理的信仰,他们尽力避免这些情况"。

不确定性规避倾向影响一个组织及其活动结构化需要的程度,也就是影响到一个组织对风险的态度。在一个不确定性规避程度越高的组织中,组织就越趋向建立更多的工作条例、流程或规范以应付不确定性,管理也相对是以工作和任务指向为主,管理者决策多为程序化决策。在一个弱不确定性规避的组织中,很少强调控制,工作条例和流程规范化和标准化程度较低。

例如,日本是不确定性避免程度较高的社会,因而在日本,"全面质量管理"

---

① Dierdorff E C, Bell S T, Belohlav J A. The power of "we": effects of psychological collectivism on team performance over time[J]. Journal of Applied Psychology, 2011, 96(2): 247-262.

② Workman M. Collectivism, individualism, and cohesion in a team-based occupation[J]. Journal of Vocational Behavior, 2001, 58(1): 82-97.

③ Earley P C, Mosakowski E. Linking culture and behavior in organizations: Suggestions for theory development and research methodology[M]//Yammarino, F J, Dansereau F. The Many Faces of Multi-level Issues. [S. I.]: Emerald Group Publishing Limited, 2002: 297-319.

④ Drach-Zahavy A. The proficiency trap: how to balance enriched job designs and the team's need for support[J]. Journal of Organizational Behavior, 2004, 25(8): 979-996.

⑤ Bresman H. External learning activities and team performance: a multimethod field study[J]. Organization Science, 2010, 21(1): 81-96.

这一员工广泛参与的管理形式取得了极大的成功，“终身雇佣制”也得到了很好的推行。与此相反，美国是不确定性避免程度低的社会，同样的人本主义政策在美国企业中则不一定行得通，比如在日本推行良好的“全面质量管理 ”，在美国却几乎没有成效。中国与美国相似，也属于不确定性避免程度较低的社会。此外，不确定性避免程度低的社会，人们较容易接受生活中固有的不确定性，能够接受更多的意见，上级对下属的授权被执行得更为彻底，员工倾向于自主管理和独立地工作。而在不确定性避免程度高的社会，上级倾向于对下属进行严格的控制和清晰的指示。

不确定性是企业发展面对的常态，文化价值观是非常时期挖掘内部创新潜力的关键要素。员工创新行为的实现不仅受到环境和资源支持的影响，与员工个体因素也有关系。国外已有研究发现，不确定性规避对创新具有显著影响，学者们对此提出了不同观点。Zhi，Zhou 和 Zhang① 等实证研究发现，不确定性规避对探索式创新和利用式创新都具有显著影响。Bell② 认为，不确定性为创新提供了机会，创新过程中想要突破，意外情况是不可避免的，创新成功与否取决于是否有能力解释和应对意想不到的好或坏的事件。Shane，Venkataraman 和 Macmillan③ 认为，不确定性接受社会比不确定性规避社会更具有创新性。Halkos 和 Tzeremes④ 等研究发现，高不确定性规避对国家创新行为水平具有显著的负面影响。以上研究多基于国家层面研究不确定性规避对创新的影响，较少关注个体层面的不确定性规避对创新的影响。已有研究发现，Hofstede 定义的文化维度不仅在国家层面上存在，而且存在于个体层面。Chen 和 Meindl⑤ 等指出，文化背景不同的人存在文化差异，文化背景相同的人也存在文化差异，并不是所有的人都符合国家文化价值观，个体之间也存在文化价值差异。

---

① Zhi Y，Zhou X，Zhang P. Discipline versus passion：collectivism，centralization，and ambidextrous innovation[J]. Asia Pacific Journal of Management，2015，32(3)：745-769.

② Bell G. Playing the HR field[J]. Human Resource Management，2012，20(7)：39-41.

③ Shane S A，Venkataraman S，Macmillan I C. The effects of cultural differences on new technology championing behavior within firms[J]. Journal of High Technology Management Research，1994，5(2)：163-181.

④ Halkos G E，Tzeremes N G. Modelling the effect of national culture on countries' innovation performances：a conditional full frontier approach[J]. International Review of Applied Economics，2013，27(5)：656-678.

⑤ Chen C C，Meindl J R. Deciding on equity or parity：a test of situational，cultural，and individual factors[J]. Journal of Organizational Behavior，1998，19(2)：115-129.

Pinillos 和 Reyes① 认为,个人的价值观决定自我意识,不确定性规避之所以对员工创新行为有负向影响,很可能是因为其阻碍了促进员工创新行为产生所需要的内在因素,所以,需要关注产生负面效应的不确定性规避的中介机制。将自我效能感作为研究各类个体因素与个体行为间关系的中介变量,有助于更好地诠释个体行为的激发过程。作为实现创新行为的内在驱动力量,创新自我效能感是自我效能感在创新领域的具体应用。

(3) 魅力领导

在组织行为学的研究中,关于魅力型领导的研究起步较晚,但自魅力型领导理论被研究②以来,这一新的领导范式一直被理论界和实务界所青睐,大量的研究者对魅力型领导进行了研究,魅力型领导理论在 20 世纪 90 年代之后,越来越受到重视,研究的学者逐渐增多。魅力型领导者是指具有自信并且信任下属,对下属有高度期望,有理想化的愿望,以及使用个性化风格的领导者。他们的特质包括:①有能力陈述一种下属可以识别的、富有想象力的未来远景。②有能力提炼出一种每个人都坚定不移赞同的组织价值观系统。③信任下属并获取他们充分的信任回报。④可以提升下属对新结果的意识,激励他们为了部门或组织而超越自身的利益。

领导是科学亦是艺术,Yukl③ 指出魅力型领导者对部属的影响,主要是在于个人认同与内化,他认为部属对领导者的行为会产生认同感,在情感上或心理上依赖着领导者,并将其信念转化为部属心中的激励因素,进而影响其工作态度及行为,展现出高度的绩效与服务质量。Yuan 和 Lee④ 认为魅力型领导者用个人表现影响其他人,并且提供无法抗拒的愿景。而建立分享的愿景和共同的目标,强化跟随者与领导者之间的关系,可以有更好的工作表现。

---

① Pinillos M J, Reyes L. Relationship between individualist-collectivist culture and entrepreneurial activity: evidence from Global Entrepreneurship Monitor data[J]. Small Business Economics, 2011, 37(1): 23-37.

② Klein K J, House R J. On fire: Charismatic leadership and levels of analysis[J]. Leadership Quarterly, 1995, 6(2): 183-198.

③ Yukl G. An evaluation of conceptual weaknesses in transformational and charismatic leadership theories[J]. Leadership Quarterly, 1999, 10(2): 285-305.

④ Yuan C K, Lee C Y. Exploration of a construct model linking leadership types, organization culture, employees performance and leadership performance[J]. Social and Behavioral Sciences, 2011, 25(25): 123-136.

Groves① 在对魅力型领导风格个性特征的研究中发现，在工作中，具有领导者气质和沟通能力较好的领导容易形成魅力型领导风格。Sosik② 运用多来源数据的方式对魅力型领导的人格特征进行探究，证明了领导者的价值观对魅力型领导形成的作用。在研究中发现，下面几个性格特征与魅力型领导方式有关：集体主义观强；自我认知良好等。De Hoogh 等③在对魅力型领导风格的人格特征的研究中发现，权力动机与魅力型领导风格的形成有密切关系。Hayibor，Agle 和 Sears④ 研究认为在魅力型领导风格发展过程中领导者与追随者价值观的一致性对于魅力型领导风格具有核心作用。

（4）自恋

自恋（narcissism）一词源于希腊神话人物那喀索斯（Narcissus），这位传说中的美少年因贪恋自己的水中倒影以至憔悴身亡。现代英语中，narcissus 亦有“水仙花”之意，水仙姿态柔美却娇弱难侍，暗合了希腊神话的隐喻。日常生活用语中，“自恋”一词也散发出“自私”“傲慢”和些许“冷漠”的气息，自恋者光鲜亮丽却似有遗世独立和拒人千里之嫌。

自恋是形容自我陶醉的行为或习惯。如果没到极端的情况，自恋被视为健康心理的重要元素。从心理学和精神分析学角度看，过度的自恋可能是病态的，或者会有严重人格分裂/不正常的表现，例如自恋人格分裂。自恋这个字眼通常带有贬义，如果过度那么会带来夸张、自满、自负、自我或自私；但同时其也可以是一种包涵自信的积极态度，是对个人的发展有利的一面。当自恋用在一个社会团体的时候，它通常代表精英主义，或者对他人疾苦的冷漠或不闻不问。

自恋的特征为过度幻想的感受，认为自己是一个重要人物、过度提升自我价值及优越感、过度膨胀、追求权力、缺乏同理心且需要比常人更多的称赞⑤。现

① Groves K S. Linking leader skills, follower attitudes, and contextual variables via an integrated model of charismatic leadership[J]. Journal of Management, 2005, 31(2): 255-277.

② Sosik J J. The role of personal values in the charismatic leadership of corporate managers: a model and preliminary field study[J]. Leadership Quarterly, 2005, 16(2): 221-244.

③ De Hoogh A H B, Den Hartog D N, Koopman P L, et al. Leader motives, charismatic leadership, and subordinates' work attitude in the profit and voluntary sector[J]. Leadership Quarterly, 2005, 16(1): 17-38.

④ Hayibors, Agle B, Sears G J, et al. value congruence and charismatic leadership in CEO-top manager relationships: an empirical investigation[J]. Journal of Business Ethics, 2011, 102(2): 237-254.

⑤ Ang R P, Yusof N. The relationship between aggression, narcissism, and self-esteem in Asian children and adolescents[J]. Current Psychology, 2005, 24(2): 113-122.

代心理学认为，自恋是一种认知、情感和行为的综合体，共同传递着夸张、积极和独特的自我概念[①]。它主要包含3个成分：一是夸大积极的自我概念；二是为维持这种积极自我概念所采取的自我调节策略；三是低共情、低亲密度的人际关系[②]。自恋者的自我膨胀主要集中于权利、地位、外表吸引力等主体性特质(agentic trait)方面，而非同情心、同理心、关爱等集体性特质(communal trait)方面。

与此同时，自恋与个体主义文化密切相关[③]。Triandis[④]曾言，随着一个社会复杂性的提升以及物质生活的不断富足，其文化的个体主义倾向也将日趋明显。目前，随着中国经济的快速发展，已有研究表明，集体主义文化下的中国人反而比个体主义文化下的美国人更为自恋，美国大学生的自恋水平显著低于中国大学生[⑤]。

自恋最初是作为人格障碍而受到临床研究者的广泛关注，1980年，《美国精神疾病诊断统计手册》(*The Diagnostic and Statistical Manual of Mental Disorders*)第三版中首次将自恋人格障碍(narcissistic personality disorder, NPD)列为一种独立的人格障碍类型。NPD表现为夸大的行为模式、需要他人的羡慕和注意、权利感、过度的情绪反应、缺乏同情心以及脆弱的自尊。随着研究的深入，自恋逐渐作为一种正常的人格特质进入人格与社会心理学家的视野。

Sedikides, Campbell及Reeder等[⑥]认为，自恋是一个具有多维结构的概念，表现为浮夸、自爱和膨胀的自我，就其功能而言，自恋"既好又坏"(mixed blessing)。元分析结果发现，自恋与自尊呈正相关，自恋者积极的自我概念有利于个人成长与发展，但高自尊的表面下也隐藏着对批评的高度敏感和低耐受

---

① Rhodewalt F, Eddings S K. Narcissus reflects: memory distortion in response to ego-relevant feedback among high- and low-narcissistic men[J]. Journal of Research in Personality, 2002, 36(2): 97-116.

② Campbell W K, Campbell S M. On the self-regulatory dynamics created by the peculiar benefits and costs of narcissism: a contextual reinforcement model and examination of leadership[J]. Self & Identity, 2009, 8(2-3): 214-232.

③ Roberts B W, Helson R. Changes in culture, changes in personality: the influence of individualism in a longitudinal study of women[J]. Journal of Personality & Social Psychology, 1997, 72(3): 641-651.

④ Triandis H C. Factors affecting employee selection in two cultures[J]. Journal of Applied Psychology, 1963, 47(2): 89-96.

⑤ Kwan, Kuang, Hui. Identifying the Sources of Self-esteem: The Mixed Medley of Benevolence, Merit, and Bias[J]. Self & Identity, 2009, 8(2-3): 176-195.

⑥ Sedikides C, Campbell W K, Reeder G, et al. The self in relationships: whether, how, and when close others put the self "in its place"[J]. European Review of Social Psychology, 2002, 12(1): 237-265.

性①。就人际关系而言，自恋者与人交往之初多能建立良好的人际关系，但这种人际关系的虚假性会在长期的互动中暴露出来，并被形象地称为巧克力蛋糕模型(Chocolate Cake Model)，即品尝之初不免诱人，但长期食用则乏善可陈。从决策的角度来看，自恋者的过度自信(over confidence)、高冒险，以及对回报的短视(myopic focus on reward)常常导致其决策偏差②。但也有研究表明，自恋者外向、自信、易于应对压力的人格特征可能使他们在需要快速决策时表现不俗③。

(5) 任务绩效

早期的研究者通常将工作绩效等同于任务绩效，强调雇员的产出水平，聚焦于工作绩效的结果，后来的研究者批评这样的工作绩效观点具有明显的缺陷，他们认为绩效应该需要包括对组织发展具有重要作用的过程变量。Borman 和 Motowidlo④ 通过对工作绩效、工作结果和工作行为进行了比较分析，认为工作绩效是可评价的，且对组织和个人的发展起到促进或者阻碍作用的行为，工作结果是工作行为产生的，而对实现组织目标或者个人目标起作用的状态，工作行为是个体在工作时的各种表现，因此，Borman 和 Motowidlo 将工作绩效定义为"工作绩效是多维度的，且可被评估的且与组织目标相关的行为综合体"。

近些年，工作绩效的概念已经拓展成为三类绩效行为的组合，即任务绩效、组织公民行为和反生产行为。Rotundo 和 Sackett⑤ 的研究认为，任务绩效、组织公民行为和反生产行为均对总体绩效有影响，权重最高的是任务绩效，然后是反生产行为和组织公民行为。

本文研究使用的工作绩效概念为任务绩效、组织公民行为和反生产行为三种绩效行为的组合。其中，任务绩效是对组织的核心技术做出贡献的有关行为，与 Borma 与 Motowidlo 的任务绩效的概念相同；组织公民行为是一种员工自愿性的个体行为，与正式的奖励制度没有直接或外显的联系，但在总体上能够提高

---

① Donnellan M B, Trzesniewski K H, Robins R W, et al. Low self-esteem is related to aggression, antisocial behavior, and delinquency[J]. Psychological Science, 2005, 16(4): 328-335.

② Lakey C E, Campbell W K, Brown K W, et al. Dispositional mindfulness as a predictor of the severity of gambling outcomes[J]. Personality & Individual Differences, 2007, 43(7): 1698-1710.

③ Foster J D, Trimm T R. On being eager and uninhibited: narcissism and approach-avoidance motivation[J]. Personality & Social Psychology Bulletin, 2008, 34(7): 1004-1017.

④ Borman W C, Motowidlo S J. Task performance and contextual performance: the meaning for personnel selection research[J]. Human Performance, 1997, 10(2): 99-109.

⑤ Rotundo M, Sackett P R. The relative importance of task, citizenship, and counterproductive performance to global ratings of job performance: a policy-capturing approach[J]. Journal of Applied Psychology, 2002, 87(1): 66-80.

组织机能的行为；反生产行为是指雇员违反组织合法规定，对组织或组织成员利益构成威胁的员工有意的自发行为①。

任务绩效是指与工作产出直接相关的，能够直接对其工作结果进行评价的这部分绩效指标。其是与具体职务的工作内容密切相关的，同时也和个体的能力、完成任务的熟练程度和工作知识密切相关的绩效。任务绩效是相对一个人所担当的工作而言的，即按照其工作性质，员工完成工作的结果或履行职务的结果。换言之，绩效就是组织成员对组织的贡献，或对组织所具有的价值。在企业中，员工绩效具体表现为完成工作的数量、质量、成本费用以及为企业作出的其他贡献等。任务绩效应该是绩效考评最基本的组成部分。对任务绩效的考评通常可以用质量、数量、时效、成本、他人的反应等指标来进行考量评估。

(6) 组织公民行为

组织公民行为概念的内涵可追溯到古典管理理论盛行的时期，(Barnard)在其名著《经理人员的职能》(*The Function of the Executive*)中指出，组织是合作力量的联合体(Associations of Cooperative Efforts)，对这个联合体而言，在追求组织目标过程中必备因素除了正式组织之外，还包括另外一个非常重要的因素，即员工的合作意愿。

在 Bateman 和 Organ② 正式提出组织公民行为概念时，并未引起许多研究者与实践者关注。然而，自 20 世纪最后十年至今，随着全球化竞争加剧和信息技术的迅猛发展，企业组织的外部不确定性迅速增大，因此，企业组织为了适应外部宏观环境的急剧变化，开始调整传统严格的科层制结构，逐渐打造基于工作团队形式为主的扁平化组织结构。这种组织结构的前提就是员工需要具备团队合作精神化及主动创新工作方式，不能拘泥于传统的岗位职责与岗位要求。这与组织公民行为强调雇员必须超越岗位职责，提供更多促进组织效能的自愿合作行为非常相似，因此，学术界和实践管理人员开始越来越强调组织公民行为的重要性和必要性。

组织公民行为指的是有益于组织，但在组织正式的薪酬体系中尚未得到明确或直接确认的行为。组织公民行为是一种员工自觉从事的行为，它不包括在员工的正式工作要求中，但这种行为无疑会促进组织的有效运行。美国印第安

---

① Bennett R J, Robinson S L. Development of a measure of workplace deviance[J]. Journal of Applied Psychology, 2000, 85(3): 349-360.

② Bateman T S, Organ D W. Job Satisfaction and the Good Soldier: The relationship between affect and employee "citizenship"[J]. Academy of Management Journal, 1983, 26(4): 587-595.

纳大学的 Demnis Organ 教授及其同事①将组织公民行为定义为：未被正常的报酬体系所明确和直接规定的、员工的一种自觉的个体行为，这种行为有助于提高组织功能的有效性。这些行为一般都超出了员工的工作描述，完全出于个人意愿，既与正式奖励制度无任何联系，又非角色内所要求的行为。

根据 Organ② 的研究，组织公民行为应由五个因素组成，分别是利他行为、尽职行为、运动家精神、谦恭有礼和公民道德。利他行为是指员工愿意花时间主动帮助同事完成任务或是防止同事在工作上可能会发生的错误；尽职行为是指员工的表现超过组织的基本要求标准，他能够尽早规划自己的工作以及设定完成工作的时间；运动家精神是指员工在不理想的环境中，仍然会保持正面的态度去面对，不抱怨环境不佳，仍能忠于职守，此外，个人也会为了所属工作团体的利益而牺牲自己的利益；谦恭有礼是表示员工用尊敬的态度来对待别人；公民道德是指员工主动关心、投入与参加组织中的各种活动，包括主动阅读组织内部文件、关心组织重大事件、对组织发展提出建议等，有这种行为的员工表明他已经把自己视为组织中的一员。Podsakoff，Mackezie 和 Moorman 等③在 Organ 的基础上对组织公民行为的各种观点进行了归纳总结，将其分为 7 个维度，即帮助他人、运动家精神、忠诚于组织、顺从于组织、自我驱动、公民道德、自我发展。

Organ 认为，随着时间的推移，组织公民行为逐渐积累，便能够提高组织的绩效。具体表现为：组织公民行为有利于形成一种积极的团队气氛，创造一个使人更加愉快工作的环境，并能增强组织对环境变化的适应能力，创造组织的社会资本，进而提高员工的工作效率和组织的绩效。

（7）工作倦怠

工作倦怠最早是由美国心理学家④提出，他认为工作倦怠是指工作环境过度损耗工作者的精力、能力及资源，而造成个体的挫败感及身心的疲惫。Rosenman⑤ 指出工作倦怠是由于工作的情况，导致工作者在工作中感受到逐渐

---

① Smith C A, Organ D W, Near J P. Organizational citizenship behavior: its nature and antecedents[J]. Journal of Applied Psychology, 1983, 68(4): 653-663.

② Organ D W. Organizational citizenship behavior: the good soldier syndrome[J]. Administrative Science Quarterly, 1988, 41(6): 692-703.

③ Podsakoff P M, Mackenzie S B, Moorman R H, et al. Transformational leader behaviors and their effects on followers' trust in leader, satisfaction, and organizational citizenship behaviors[J]. Leadership Quarterly, 1990, 1(2): 107-142.

④ Freudenberger H J. Staff burn-out[J]. Journal of Social Issues, 1974, 30(1): 159-165.

⑤ Rosenman S. Burn-out: stages of disillusionment in the helping professions[J]. Journal of Higher Education, 1982, 53(1): 604.

丧失理想、精力与目标的一种状态。

许多学者针对不同领域提出工作倦怠的相关理论。本研究以目前广受关注的 Maslach 与 Jackson 的工作倦怠理论，与教学现场有关的教师工作表现——动机理论，及专业效能差异模式来说明工作倦怠的概念与定义。具体分述如下：

Maslach 和 Jackson① 指出，工作倦怠常发生在从事服务性行业的工作者身上，因为与客户之间的互动而影响身心及人际等问题，长期累积下来而导致情绪耗竭、工作热忱降低，甚至对服务的对象态度消极、冷漠，以及个人成就感低落等综合症状。其研究发现工作倦怠包含三个维度，并发展出一套工作倦怠测量工具——Maslach Burnout Inventory(简称 MBI)。该分类方法即本研究设计员工工作倦怠问卷的理论依据，其内涵分述如下：

① 情绪耗竭(emotional exhaustion)指工作者产生情绪资源日益枯竭的现象，而感觉生理及心理方面的疲惫，自我感觉无法再奉献自己的心力。

② 去人性化(depersonalization)指工作者以消极、冷漠无情、负面的态度对待服务对象，且变得暴躁、易怒，甚至对于身边的环境与事物漠不关心。

③ 个人成就感低落(reduced personal accomplishment)指工作者对自己产生负面的评价，缺乏个人成就感，对于自己在工作上的表现感到不满意。

Maslach, Schaufeli 和 Leiter 进一步指出，情绪耗损是工作倦怠的核心，也是最明显的症状，它是个人情绪与生理资源的过度扩展与耗尽的现象；去人性化是工作倦怠的人际层面，它是对工作冷漠或抽离的负面反应；效能或成就感低落是工作倦怠的自我评价层面，它是一种对工作的无力感和缺乏成就感。缺乏效能可能来自缺乏相关资源，而情绪耗竭和去人性化则可能来自于超负荷工作和社会冲突。

(8) 反生产行为

在工作绩效结构的研究中，有些研究者专门关注某类会损害组织利益或雇员利益的消极负面行为，如偷窃、打架、拉帮结派等，Bennett 和 Robinson② 将这类行为定义为反生产行为，因此，反生产行为即对组织或组织成员利益构成威胁，且违反组织合法规定的员工自发行为。

在管理实践中，组织中一直存在许多类型的反生产行为，许多研究者也关注

① Maslach C, Jackson S E. The measurement of experienced burnout[J]. Journal of Organizational Behavior, 1981, 2(2): 99-113.

② Bennett R J, Robinson S L. Development of a measure of workplace deviance[J]. Journal of Applied Psychology, 2000, 85(3): 349-360.

到了此类现象，如 Taylor① 在对钢铁工人的研究中发现，由于害怕提高劳动生产率会导致更多的工人失业，钢铁工人会通过放慢工作节奏来维护自己的利益，导致钢铁行业中存在大量的“磨洋工”现象。自 20 世纪中期以来，部分学者开始研究组织中某一种具体的反生产行为的诱因，比如打架、发布谣言、消极怠工等。但是，由于这些学者们分别局限在一个比较有限的区域，并未整合这些研究成果，因此无法清晰地揭示反生产行为的本质。到了 20 世纪 80 年代中后期，随着组织公民行为概念被提出并引起研究热潮，工作绩效结构理论也不断得到发展，研究者开始逐渐意识需要将组织中这些负面行为整合到一个统一的框架之内，反生产行为的概念最后得到了大家的认可和支持，学者们对反生产行为的关注也进入了一个相对比较系统成熟的阶段。

在对这些负面消极行为的整合阶段，Robinson 和 Bennett② 在归纳以往诸如打架、发布谣言、消极怠工等研究成果的基础上，开创性地提出了其有包容性的组织偏差行为(Deviant Behavior)概念，用来表达对组织或组织成员利益构成威胁，又违反组织重要合法规则的员工有意行为；同时，Robinson 和 Bennett 通过多维尺度法(Multi-dimensional scale, MDS)归纳分类了易见的具体偏差行为。在这个阶段，许多学者从自己的研究视角提出了许多有意义的概念，如攻击行为③、不良行为④、反社会行为⑤、报复行为⑥以及复仇行为⑦等。

Rotundo 和 Xie⑧ 首次探讨了反生产行为结构维度在跨文化背景下的稳定

---

① Dean C C. The principles of scientific management by Fred Taylor: exposures in print beyond the private printing[J]. Journal of Management History, 1997, 3(1): 4-17.

② Bennett R J, Robinson S L. Development of a measure of workplace deviance[J]. Journal of Applied Psychology, 2000, 85(3): 349-360.

③ Baron R A, Neuman J H. Workplace aggression — the iceberg beneath the tip of workplace violence: evidence on its forms, frequency, and targets[J]. Public Administration Quarterly, 1998, 21(4): 446-464.

④ Hogan J, Hogan R. How to measure employee reliability[J]. Journal of Applied Psychology, 1989, 74(2): 273-279.

⑤ Giacalone R A, Greenberg J. Antisocial Behavior in Organizations[M]. Thousand Oaks: sage publications, Inc, 1997.

⑥ Skarlicki D P, Folger R. Retaliation in the workplace: the roles of distributive, procedural, and interactional justice[J]. Journal of Applied Psychology, 1997, 82(3): 434-443.

⑦ Bies R, Tripp T M, Kramer R M. At the breaking point: Cognitive and social dynamics of revenge in organizations[M]//Giacalone R A, Greenberg J. Antisocial Behavior in Organizations. Thousand Oaks: Sage Publications, Inc, 1997.

⑧ Xie J L. Understanding the domain of counterproductive work behaviour in China[J]. International Journal of Human Resource Management, 2008, 19(5): 856-877.

性。研究结论显示，在中国企业中的反生产行为同样可区分为人际—组织维度和任务相关性维度，这证明 Gruys 和 Sackett① 的研究结论外部效度很高。

Yang 和 Diefendorff② 将反生产行为作为一个结果变量，探讨影响反生产行为的前因变量和调节变量。研究结果显示，雇员的消极情感是反生产行为的主要影响因素，而雇员的责任心和随和性对雇员消极情感与反生产行为之间的影响机制具有调节效应，即当雇员具有较高水平的责任心与随和性时，消极情感对反生产行为的作用机制会减弱。

(9) 组织公平

组织公平(organizational justice)概念来自 Homans③ 的社会交换理论，Homans 认为在社会互动的过程中，社会行为是一种商品性的交换行为，之后 Adams④ 以 Homans 提出的社会交换理论为基础发展出公平理论(equity theory)，重视在分配结果的公平性知觉。其公平理论包含四个要素：①工作投入；②工作结果；③参照对象；④公平或不公平。然而 Adams 的公平理论只涉及最后阶段的分配公平，可能在完整的定义上有一定的欠缺。所以 Walker，Lind 及 Thibaut⑤ 提出公平的另一个维度进行解释，即程序公平(procedural justice)的概念，其重点是在分配结果前的过程因素及程序上能够发表自己观点与想法的一种公平性知觉。但 Bies 和 Robert⑥ 认为在程序执行的过程中，会忽略组织成员对于人际互动质量的感受，包括对员工的尊重、提供决策的说明与解释、接纳员工的意见、同理心的展现等，因而进一步提出互动公平(interactional justice)的概念。换言之，无论是组织成员在投入工作后对于预期结果的知觉，或是分配过程中的制度公平性和参与度，以及领导者和教师的互动模式，组织公平中的分配公平、程序公平、互动公平对于组织确实存在且扮演重要的角色。

---

① Gruys M L，Sackett P R. Investigating the dimensionality of counterproductive work behavior [J]. International Journal of Selection and Assessment，2010，11(1)：30-42.

② Yang J，Diefendorff J M. The relations of daily counterproductive workplace behavior with emotions，situational antecedents，and personality moderators：A diary study in Hong Kong [J]. Personnel Psychology，2010，62(2)：259-295.

③ Homans G C. Social behavior：its elementary form[J]. Revue Française De Sociologie，1961，3(4)：479-502.

④ Adams J S. Inequity in social exchange[J]. Advances in Experimental Social Psychology，1965，2(4)：267-299.

⑤ Walker L，Lind E A，Thibaut J. The relation between procedural and distributive justice[J]. Virginia Law Review，1979，65(8)：1401-1420.

⑥ Bies R J. Interactional (in) justice：the sacred and the profane[J]. Advances in Organizational Justice，1986：89-118.

综合上述，组织公平是组织成员关注组织资源分配结果、内部管理制度、人际互动等工作相关事项的主观公平知觉[①]。组织公平的研究迄今开展已将近30年且成果丰硕，它的研究主题领域非常广泛，如组织心理学、人力资源管理和组织行为[②]，但有关组织公平的研究仍在持续且受重视，其主要原因在于它能增进组织与员工间更多的信任与承诺、组织公民行为、提升工作绩效、增加顾客满意度、降低冲突的预测因子[③]。

Choi[④]指出：组织公平对于组织管理的重要性在于它能影响组织成员的情绪与工作态度；公平是人类社会生活的基本要求，它是个人心理的一种感觉，但这种感觉对个人行为及组织运作却影响深远。本研究将组织公平依分配公平、程序公平及互动公平等三维度概念加以定义，其内容分述如下。

根据 Adams 和 Homans 的分配公平概念，在人际互动的过程中，此行为可视为是一种商品性的交换行为，组织是否公平和员工所得分配有密切相关，对于工作后所分配到的结果，若是和努力程度相平衡，员工就会感到公平。相反的，若是低于预期，便会产生不公平的感受。Tanova 和 Nadiri[⑤]认为分配公平是指员工对资源分配是否公平、工作上的付出与获得的奖酬相互比较后，产生公平与否的认知。Chou，Seng-cho 及 Jiang 等[⑥]认为个人重视工作投入所获得的结果，组织应重视员工的看法。

Walker，Lind 及 Thibaut[⑦]最早对公平程序进行系统化的研究，尤其针对

---

① Johnson R E，Selenta C，Lord R G. When organizational justice and the self-concept meet: consequences for the organization and its members[J]. Organizational Behavior and Human Decision Processes，2006，99(2)：175-201.

② Cropanzano R，Howes J C，Grandey A A，et al. The relationship of organizational politics and support to work behaviors，attitudes，and stress[J]. Journal of Organizational Behavior，1997，18(2)：159-180.

③ Ambrose M L，Schminke M. Assessing roadblocks to justice: a model of fair behavior in organizations[J]. Research in Personnel and Human Resources Management，2009，28(28)：219-263.

④ Choi G Y. The influence of organizational characteristics and psychological empowerment on Secondary Traumatic Stress of Social Workers Working With Family Violence or Sexual Assault Survivors [J]. 2010.

⑤ Tanova C，Nadiri H. The role of cultural context in direct communication[J]. Baltic Journal of Management，2010，5(2)：185-196.

⑥ Chou T Y，Chou S C T，Jiang J J，et al. The organizational citizenship behavior of IS personnel: does organizational justice matter? [J]. Information & Management，2013，50(s2-3)：105-111.

⑦ Walker L，Lind E A，Thibaut J. The relation between procedural and distributive justice[J]. Virginia Law Review，1979，65(8)：1401-1420.

争议处理过程发现，若做决策的程序是公平的，当个人感受到获利的结果，也会采取比较肯定的评价。Tanova 和 Nadiri① 认为在制定决策时能否搜集准确和无偏差的信息、员工的声音与请求的程序，亦即决策制定的过程是否能符合公平的程度。因此在制定政策过程中，首重听取组织成员的声音，当组织愿意接纳员工对于政策与决策的意见，除了可以提升员工对程序公平的感受，亦可传递准确的信息，能够建立公平性的作业程序，并符合组织成员的预期结果②。

Bies 和 Robert③ 认为在组织程序的进行中，个人所受到的人际待遇也会影响其个人对于公平的评估。互动公平重视的是人际互动的关系，强调组织在程序执行的过程中，能够展现对员工的尊重、提供决策的说明与解释、听取员工的意见、同理心的关注等，借此增进员工对于人际互动质量的良好感受。Tanova 和 Nadiri④ 认为员工对于管理者是否将员工需求列入工作决策制定的考虑，并在决策后对员工进行解释，即员工在正式程序的制定或解释过程中，是否受到公平的对待。Chou 等⑤认为组织或领导在制定决策时，强调人际关系的互动、尊重并考虑员工意见。在互动公平中人际互动是关键因素，例如：个人是否受到同等对待、尊重、沟通，可以提升组织成员的互动公平感受；管理者是否对政策信息做合宜、适当说明，并于决策后对组织成员进行解释，做到信息传达的公平性。

2.3 社会交换理论与工作投入

社会交换理论指出社会互动的本质是交换行为，个人在进行交换时，必会考虑可能牵涉的利益和赏酬，也就是说，在交换过程中，个人对于交换后可能产生的利益会先加以评估，如果在交换过程中双方不能得到满意的结果或赏酬，则交换无法进行。人与人之间的互动基本上是一种交换过程，这种交换包

① Tanova C, Nadiri H. The role of cultural context in direct communication[J]. Baltic Journal of Management, 2010, 5(2): 185-196.

② Chou T Y, Chou S C T, Jiang J J, et al. The organizational citizenship behavior of IS personnel: does organizational justice matter? [J]. Information & Management, 2013, 50(s2-3): 105-111.

③ Bies R J. Interactional (In)justice: The Sacred and the Profane[J]. Advances in Organizational Justice,1986: 89-118.

④ Tanova C, Nadiri H. The role of cultural context in direct communication[J]. Baltic Journal of Management, 2010, 5(2): 185-196.

⑤ Chou T Y, Chou S C T, Jiang J J, et al. The organizational citizenship behavior of IS personnel: Does organizational justice matter? [J]. Information & Management, 2013, 50(2-3): 105-111.

括情感、报酬、资源、公正性等①。以员工的工作投入为例，当员工付出工作投入时，期待组织将会给予相应的报酬，只有如此，员工才可能会持续地进行工作投入。

因此员工与组织社会交换关系的建立，就是员工以自身的工作投入来换取组织对个体的支持与回报②。交换的隐含条件是双方通过交换各自特有的资源，从而达到互利的目的，其核心是自我利益和互相依赖③，并且付出者并非是以眼前所得的利益为主要考量，而是预期受方会以回报的做法进行回馈。因此要了解工作投入的形成过程，就需要把它建立在社会交换过程的基础上。

具体来说，员工对于工作的投入及努力，是期望从工作中获得某些预期的回馈④。按照社会交换理论的观点，员工是否愿意与组织进行交换，首先涉及员工如何去评价交换后从组织获得的回报，即员工付出工作投入是希望从组织那里获得相应的报酬；而组织希望通过员工的工作投入产生工作绩效，从而给予员工相应的报酬。因此，员工与组织可以被视为相互依赖的利益共同体。社会交换理论对员工与组织交换关系的解释如图 2-1 所示。

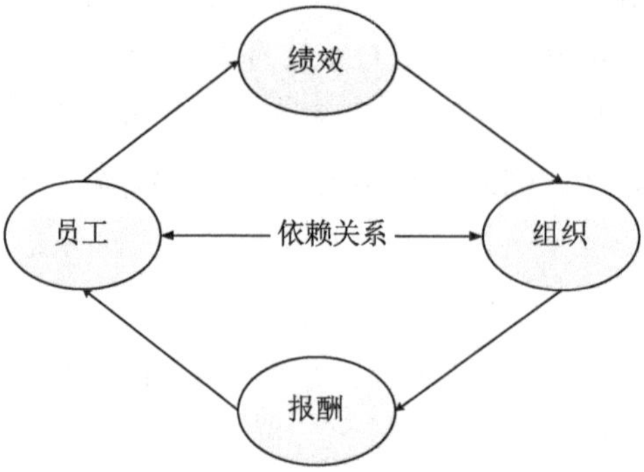

图 2-1　员工与组织的交换关系

员工评价这种交换关系是否公平的标准则是其个人价值观。员工是否会付出工作投入，首先判断投入的结果是否有价值，因为员工的工作投入是为了

---

① Befu H. Social exchange[J]. Annual Review of Anthropology, 1977, 6(1): 255-281.

② Kahn W A. Psychological conditions of personal engagement and disengagement at work[J]. Academy of Management Journal, 1990, 33(4): 692-724.

③ May D R, Gilson R L, Harter L M. The psychological conditions of meaningfulness, safety and availability and the engagement of the human spirit at work [J]. Journal of Occupational and Organizational Psychology, 2004, 77(1): 11-37.

④ Kim T Y, Liu Z Q, Diefendorff J M. Leader-member exchange and job performance: The effects of taking charge and organizational tenure[J]. Journal of Organizational Behavior, 2015, 36(2): 216-231.

与组织交换有价值的东西，而判断对方的交换物有无价值的依据是来自于个人价值观。在本研究中，员工用价值观去评估付出工作投入是否能够从组织那里获得报酬，只有认为付出工作投入能够得到报酬，员工才可能会付出工作投入。但是员工在付出工作投入之后，对于从组织那里得到的报酬的衡量是主观的，可能会觉得公平或不公平。因此员工在评估与组织的交换过程中，依据其付出的工作投入和得到的组织报酬之间的交换关系，可能会产生不同的个人行为结果。员工工作投入的过程如图 2-2 所示。

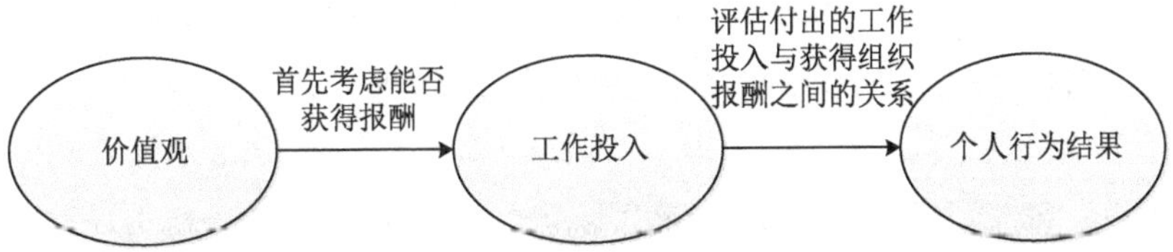

图 2-2 员工工作投入的过程

2.4 过去理论观点对工作投入的解释

过去用来解释工作投入的理论基础有三个：一为角色理论(role theory)；二为工作要求-资源模型(job demands-resources model, JD-R)；三为个体-工作环境契合(person-workplace environment fit)理论。下面分别进行介绍。

2.4.1 基于角色理论的工作投入

从角色的观点出发，可以来分析和研究一个人的社会行为活动。角色理论主要包括角色的认知、角色的学习和角色的期待等内容①。基于角色理论的工作投入系指组织成员控制自我，借此让自我与工作角色得以结合。如果员工有较高的工作投入时，则更能够融入其投入的工作角色行为(work role behavior)之中，继而在工作中有更良好的自我表现能力②。从角色理论观点出发可以探讨个人在职场角色中，为何会有不同的自我投入程度。其中高程度自我投入于职场角色中，即是个人投入(personal engagement)；反之，低程度自我投入于职

① Biddle B J, Thomas E J. Role theory: Concepts and research[J]. British Journal of Sociology, 1966, 17(4): 442-450.

② Kahn W A. Psychological conditions of personal engagement and disengagement at work[J]. Academy of Management Journal, 1990, 33(4): 692-724.

场角色中，则称为个人疏离（personal disengagement）。所谓工作投入，即组织成员在职场角色扮演过程中，生理性地、认知性地、情感性地专注及表现自己。

Rothbard① 受到 Kahn 的启发，认为角色投入（role engagement）由两维度组成，分别为专注（attention）与热衷（absorption）。其中，专注，指个体认知自己于工作中的可利用性（availability），以及思考自己的工作角色能力；热衷，指个体全神贯注于自己的工作角色中，并反映出自己融入工作角色中的强度。

May，Gilson 和 Harter② 则延用 Kahn 的概念，认为工作投入是员工对自己的心理认同，以及个体行为、认知与情感上的关系。Macey 和 Schneider③ 则将工作投入定义为个人专注于自身的目标，热衷于组织目标，愿意努力坚持去达成。

基于角色理论的观点，Schaufeli，Salanova，González-Romá 和 Bakker④ 认为工作投入包含了活力（vigor）、奉献（dedication）、专注（absorption）三个维度，是一种具有正面的思想、实现与工作相关之个人抱负的心理状态。活力指在工作时具有高度的精力与弹性心智，愿意为工作付出心力，遇到困难时也能坚持下去。奉献指个人了解自身工作的重要性与意义，且对工作具有热忱及荣誉感。专注指个人乐于投入在工作中，不容易受到身旁事物的影响。

2.4.2 基于工作要求-资源模型的工作投入

依据 Schaufeli 和 Bakker⑤ 的工作要求-资源模型，假定个体在不同的组织都可能遭遇到不同的工作环境，这些工作环境的特性都可以归纳为两大类，即工作要求与工作资源，因此构建一个可以包罗万象的模式，并可以运用在各类的职业上，不管相关工作的特定要求与资源为何。

工作要求指工作中与身体、社会或组织有关的，需要持续不断地付出身体或

---

① Rothbard N P. Enriching or depleting? The dynamics of engagement in work and family roles [J]. Administrative Science Quarterly, 2001, 46(4): 655-684.

② May D R, Gilson R L, Harter L M. The psychological conditions of meaningfulness, safety and availability and the engagement of the human spirit at work [J]. Journal of Occupational and Organizational Psychology, 2004, 77(1): 11-37.

③ Macey W H, Schneider B. The meaning of employee engagement[J]. Industrial and Organizational Psychology, 2008, 1(1): 3-30.

④ Schaufeli W B, Salanova M, González-Romá V, et al. The measurement of engagement and burnout: A two sample confirmatory factor analytic approach[J]. Journal of Happiness Studies, 2002, 3(1): 71-92.

⑤ Schaufeli W B, Bakker A B. Job demands, job resources, and their relationship with burnout and engagement: A multi-sample study[J]. Journal of Organizational Behavior, 2004, 25(3): 293-315.

心理努力的因素，与身心消耗有关。如高工作压力、角色负荷过重(role overload)、较差的工作环境以及组织重组(organizational restructuring)等问题。尽管工作要求并不一定全然导致负向结果①，但若工作要求超过员工所能承受的范围时，即可能对员工的工作带来负面影响。

而工作资源则意指工作提供给员工的生理、心理、社会或组织面向的资源，如工作自主性、个人学习及发展机会等。其有助于：(1)促进工作目标之达成；(2)降低与工作要求相关的生理或心理成本；(3)激励个人成长与发展等②。在工作资源丰富的环境里，工作将很可能顺利完成，而且工作目标得以实现。例如：支持同事和绩效回馈可以增加工作目标获得成功的可能性。工作要求与工作资源的定义与衡量构面见表2-1。

表2-1 工作要求与工作资源

过程	定义	衡量构面
工作要求	是指身体、社会、心理(例如认知或情感)或是在组织中身体或精神上需要持续努力地工作	包含工作超载、角色压力、角色冲突、时间压力、情感需求及工作-家庭冲突
工作资源	是指身体、社会、心理(例如认知或情感)或是在组织中可能帮助个体达成工作目标的资源	包含工作自制力、工作安全感、社会支持、绩效回馈、组织正义与组织气候

资料来源：本研究整理。

工作要求-资源模型的第一个观点是内含了引起工作倦怠的两种心理历程：第一种为工作要求引起过度疲劳而导致健康问题；第二种为工作资源的缺乏引起工作投入降低进而产生离职行为。该模型主要假设工作要求与工作资源不平衡可能造成工作倦怠等许多负面的影响，但提升工作资源可能补偿员工在工作要求方面过高所产生的负面影响。Schaufeli和Bakker③推论出工作倦怠与工作投入可能会同时发生，且工作要求正向影响工作倦怠，工作资源正向影响工作投入，该模型如图2-3所示。

工作要求-资源模型的第二个观点是工作的特性可能引起两个不同的结果。

① Lu L, Kao S F, Siu O L, et al. Work stressors, Chinese coping strategies, and job performance in greater China[J]. International Journal of Psychology, 2010, 45(4): 294-302.

② Schaufeli W B, Bakker A B, Rhenen W V. How changes in job demands and resources predict burnout, work engagement, and sickness absenteeism[J]. Journal of Organizational Behavior, 2009, 30(7): 893-917.

③ Schaufeli W B, Bakker A B. Job demands, job resources, and their relationship with burnout and engagement: A multi-sample study[J]. Journal of Organizational Behavior, 2004, 25(3): 293-315.

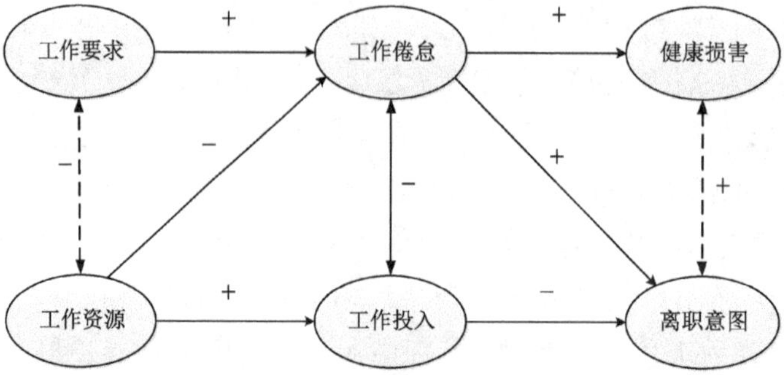

图 2-3　工作要求-资源模型

资料来源：Schaufeli W B，Bakker A B. Job demands，job resources，and their relationship with burnout and engagement：A multi-sample study[J]. Journal of Organizational Behavior，2004，25(3)：293-315.

首先，高工作要求（如工作负荷过重）会耗尽员工的精神及体力，因此可能导致健康的问题或工作倦怠①。其次，工作资源不足或缺乏会阻碍目标的达成，且很可能会造成失败或挫折，进而可能导致员工出现退缩（withdrawal）的现象，并且减低工作动机及产生离职意图（turnover intention）。当外部的环境缺乏工作资源时，个体无法减少高工作要求所造成的负面影响且无法达成他们的工作目标。在这样的情况下，离职意图就会是一个重要的自我防卫机制，以避免未来目标未达成时的挫败感②。

虽然工作资源并不一定能够完全解除工作要求所带给员工的负面影响，但 Oldham 和 Hackman③ 认为工作资源对员工具有激励效果，只要工作资源可以满足员工的心理需求，即可增进员工的工作意愿。另外激励过程则是由工作资源所引起的，它们促进员工的成长、学习和发展或者有助于实现工作目标。此外，在工作环境里提供丰富的资源，将会促进员工自愿在工作任务上奉献自己的力量④。

---

① Demerouti E，Bakker，A B，Nachreiner F，et al. The job demands-resources model of burnout[J]. Journal of Applied Psychology，2001，86(3)：499-512.

② Antonovsky A. The salutogenic perspective：Toward a new view of health and illness[J]. Advances，1987，4(1)：47-55.

③ Oldham G R，Hackman J R. Not what it was and not what it will be：The future of job design research[J]. Journal of Organizational Behavior，2010，31(2)：463-479.

④ Schaufeli W B，Bakker A B，Rhenen W V. How changes in job demands and resources predict burnout，work engagement，and sickness absenteeism[J]. Journal of Organizational Behavior，2009，30(7)：893-917.

2.4.3 基于个人-工作匹配理论的工作投入研究

Maslach，Schaufeli 和 Leiter① 基于工作倦怠构念提出工作投入概念界定，将两者视为反映员工自我与其工作关系的连续体的两端，并用个人-工作匹配理论(person-job fit theory)框架统一解释工作投入和工作倦怠现象。基于个人-工作匹配理论的工作投入理论框架如图 2-4 所示。

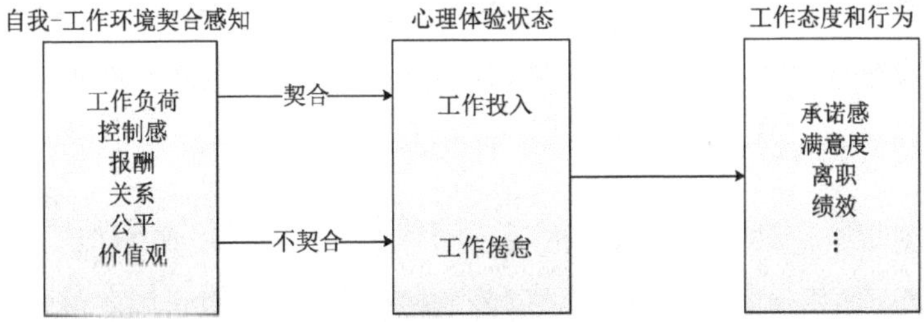

图 2-4 个人-工作匹配理论的工作投入理论模型

资料来源：Maslach C，Schaufeli W B，Leiter M P. Job burnout[J]. Annual Review of Psychology，2001，52(1)：397-422；Maslach C，Leiter M P. Early predictors of job burnout and engagement[J]. Journal of Applied Psychology，2008，93(3)：498-512.

根据该理论框架，工作倦怠和工作投入体现出个体与其工作环境之间相对稳定的相互关系对员工心理造成的持续影响，因此可以用个体与其工作环境之间的匹配程度解释员工工作投入(倦怠)状态，即当员工自我感知与其工作环境越相互匹配，越容易体验和表现出工作投入状态，而反之当员工自我感知与其工作环境越不相互匹配，越容易体验和表现出工作倦怠状态。

Maslach，Schaufeli 与 Leiter 将员工与工作环境的契合划分为工作负荷(workload)、控制感(control)、报酬(reward)、关系(community)、公平(fairness)以及价值观(value)等六个方面进行评定。工作负荷指工作要求在数量和性质上与员工体力和能力上的匹配度；控制感指员工获得的与工作有关的信息和决策权或影响力与其工作需要的匹配度；报酬指员工从工作环境中获得的经济、制度和社会性的回报与其需要的匹配度；关系指员工在工作环境中与他人的社会互动整体上与其需要的匹配度；公平指员工对工作环境中有关决策的公正和平

① Maslach C，Schaufeli W B，Leiter M P. Job burnout[J]. Annual Review of Psychology，2001，52(1)：397-422.

等程度的感知；价值观指员工在工作环境中认识到的工作目标和期望与其理想和动机的匹配度①。

上述员工与工作环境的匹配度与其工作投入（倦怠）的关系从这六方面已得到一定实证研究的经验支持②。Maslach，Schaufeli 与 Leiter③ 整合员工与其工作环境在上述六方面的匹配情况，指出个人与工作环境相对持久的匹配（或不匹配）情况是员工工作投入（或倦怠）的组织性前因，即员工个人与组织工作环境在这六方面取得高匹配度会使员工体验到工作投入，而低匹配度则会导致员工体验到工作倦怠。

2.4.4 工作投入理论研究评论

通过对以上三种工作投入理论观点的探讨，可以看出每个理论都能够解释员工工作投入原因，但是每个理论也都有其优缺点。下面将综合探讨三种理论在解释员工工作投入方面的优点及不足之处（见表 2-2），并归纳出本研究的视角。

表 2-2 过去工作投入的理论观点

工作投入的理论	角色理论	工作要求-资源模型	个人-工作匹配理论
理论观点	员工对角色的认知、角色的学习和角色的期待等内容	组织工作环境与员工的个人资源共同影响员工工作投入心理状态，进而影响其工作绩效	个体与其工作环境之间的匹配程度解释员工工作投入（或倦怠）状态
优点	强调员工在工作中对角色的认知和学习，突出扮演的角色的重要性。角色理论可以适用于组织中的任何工作角色的解释	从个体、工作和工作情境几方面更全面地研究员工投入现象	把工作投入视为员工与其工作环境相互关系的心理体验，凸显工作环境对个体的影响

① Maslach C，Leiter M P. Early predictors of job burnout and engagement[J]. Journal of Applied Psychology，2008，93(3)：498-512.

② Maslach C，Leiter M P. Early predictors of job burnout and engagement[J]. Journal of Applied Psychology，2008，93(3)：498-512.

③ Maslach C，Schaufeli W B，Leiter M P. Job burnout[J]. Annual Review of Psychology，2001，52(1)：397-422.

（续表）

工作投入的理论	角色理论	工作要求-资源模型	个人-工作匹配理论
缺点	过于强调角色因素，无法解释个人在不同的角色扮演情况下，有时投入有时不投入的情况，可能存在角色冲突	没有考虑个体的差异性，以及具体的工作情境因素；资源的变化无法维持员工持久性的工作投入	过于强调环境对个体的影响。仅考虑员工感知到的个人与组织环境在工作负荷等六方面的匹配程度，没有考虑个体的差异与工作情境因素
共同点	三个理论均比较重视工作情境因素，只能解释员工暂时性、短期的工作投入，无法解释长期、持久性的工作投入状态		

资料来源：本研究整理。

基于角色理论提出工作投入的含义，即人们展现其认知、情感及表现在工作角色上的行为即是其对工作的投入①。基于角色理论对工作投入的定义凸显员工在工作中的主体性和能动性，主张员工对工作情境的感知通过影响其心理意义感（psychological meaningfulness）、心理安全感（psychological safety）和心理充沛感（psychological availability）的自我体验而进一步影响其投入状态，并最终影响其工作行为和绩效。

角色理论强调员工在工作中对角色的认知和学习，突出扮演的角色的重要性，因此角色理论可以适用于组织中的任何工作角色投入的解释。但是由于员工的工作投入是一个连续性的心理投入过程，角色理论过于强调角色因素，无法解释个人在组织中不同的角色扮演情况下，能存在角色冲突，工作投入可能会中断。比如组织中的技术研发专家，也是企业管理者，作为管理者需要管理统筹整个企业，可能就无法在技术研发工作上投入精力。

工作要求-资源模型对工作投入的研究则把工作投入视为员工受外部环境中的工作资源和工作要求及其自身的个人资源等多种内外因素影响的结果，从而从个体、工作和工作情境几方面更全面地研究员工投入现象。但该类研究的理论框架尚未能整合解释这些不同方面的因素对员工工作投入的影响，因此在理论上缺乏系统性。而且，因其理论框架中的工作资源、工作要求、个人资源等核心概念都只是基本类别而其具体内容取决于具体情境，故使其理论缺乏具体

① Kahn W A. Psychological conditions of personal engagement and disengagement at work[J]. Academy of Management Journal, 1990, 33(4): 692-724.

性及其实际研究可操作性，并使其不同研究在实证结果上难以互相比较。

个人-工作匹配理论的工作投入研究把工作投入视为员工与其工作环境相互关系的心理体验，因此将工作投入和工作倦怠相整合，并用个人-工作匹配度来解释员工的工作投入(倦怠)心理状态。这样的理论比较有系统性并且在实证上看似容易操作，但如何选取个人-工作匹配的具体维度并且确保其代表性和普适性十分困难。

工作要求-资源模型与个人-工作匹配理论都将工作投入视为与工作相关的积极充实的心理状态①，并强调个体和组织环境因素共同影响员工的工作投入状态并进而影响其工作绩效。但相比角色理论的研究强调员工在工作中的主体性和能动性，强调员工在工作中对角色的认知和学习，突出扮演的角色的重要性。个人-工作匹配理论过于强调环境对个体的影响，而工作要求-资源模型又过于理想化个体不区分任何对象的工作热情。

本研究从个人价值观的视角，不考虑外界的组织环境因素，认为价值观对工作投入带来的影响更为强烈，因为员工在工作中遇到工作挑战或挫折，不能仅通过改变组织环境或增加工作资源和个人资源来解决，且组织环境一般是固定的，个人无法轻易改变组织环境，而资源总是有限的，是容易被消耗掉的，不可能一直提供给员工。

因为价值观是个人在早期社会化过程中形成的一种对客观事物的看法或评价，个人的价值观一旦确立，便具有相对的稳定性。人一旦形成一定的价值取向和行为定式，是不易改变的。由于现有研究普遍将工作投入界定为稳定、持久、具有倾向性的积极工作状态，并不是一种短暂(transient)的体验②。因此通过环境或资源的变化仅能解决短期内的工作投入问题，员工持久性的工作投入还是要靠员工的价值观来实现。本研究从价值观的角度去探讨员工的工作投入，员工用价值观去评估能否获得组织报酬，然后付出工作投入并且将会评估付出的工作投入与获得的组织报酬之间的关系，若员工认为获得的组织报酬超过其付出的工作投入，员工将可能会持续地付出工作投入，进而可能会带来比较好的绩效行为。因此，价值观作为员工评估与组织交换的依据，利用社会交换理论能够解释员工长期性的工作投入，具体归纳为表 2-3 所示。

---

① Bakker A B, Schaufeli, W B, Leiter M P, et al. Work engagement: An emerging concept in occupational health psychology[J]. Work & Stress, 2008, 22(3): 187-200.

② Schaufeli W B, Salanova M, González-Romá V, et al. The measurement of engagement and burnout: A two sample confirmatory factor analytic approach[J]. Journal of Happiness Studies, 2002, 3(1): 71-92.

表2-3 社会交换理论解释工作投入的优缺点

本研究理论	社会交换理论
理论观点	员工用价值观去评估能否获得组织的报酬，然后付出工作投入，并且将会评估付出的工作投入与获得组织报酬之间的关系。若员工认为获得的组织报酬超过其付出的工作投入，员工将可能会持续地付出工作投入，进而可能会带来比较好的绩效行为
优点	个人价值观具有相对的稳定性，一旦形成一定的价值取向和行为定式，是不易改变的。价值观作为员工评估与组织交换的依据，能够解释员工长期性的工作投入
缺点	以获取报酬（有形或无形）作为工作投入的动机，必须考虑交换双方的公平分配，交换才能进行，但在实际工作中，大多数都是不公平的交换关系

资料来源：本研究整理。

2.5 工作投入的前置因素与结果因素

工作投入，其为一种与工作相关的正向、充实及情感激励之状态，可被视为工作倦怠之相反对照。工作投入的员工，会有高度的能量并热衷于工作，甚至完全沉浸于工作中①。现今社会的组织，皆期望员工会主动积极投入工作中，并努力达到高绩效的标准，所以组织需要员工能随时充满活力与热忱，并专注于自己的工作，具体而言，组织需要员工随时保持工作投入之状态②。

整体而言，工作投入是个体对目前所从事工作的专注、关心与努力的程度，也同时是指个人是否愿意对工作有所付出的一种态度③。而员工投入(employee engagement)是用来描述组织和员工之间关系的基本概念。一个被雇佣的员工(engaged employee)被定义为一个完全被自己的工作所吸引和热情对待工作的人，因此他将会采取积极的行动来进一步提高组织的声誉和利益，被雇佣的员工对组织及其价值观持积极态度④。因此工作投入注重自我的投入，而员工投入注重组织与员工之间的关系。

---

① Macey W H, Schneider B. The meaning of employee engagement[J]. Industrial and Organizational Psychology, 2008, 1(1): 3-30.

② Bakker A B, Schaufeli W B, Leiter M P, et al. Work engagement: An emerging concept in occupational health psychology[J]. Work & Stress, 2008, 22(3): 187-200.

③ Demerouti E, Bakker A B, Gevers J M P. Job crafting and extra-role behavior: The role of work engagement and flourishing[J]. Journal of Vocational Behavior, 2015, 91(5): 87-96.

④ Luthans F, Peterson S J. Employee engagement and manager self-efficacy[J]. Journal of Management Development, 2002, 21(5): 376-387.

2.5.1 工作投入的前置因素

有哪些因素影响员工的工作投入？Bakker，Demerouti，和 Sanz-Vergel① 从工作相关因素、工作外的活动、个人资源和个人情绪四个方面探讨了员工为什么会进行工作投入。

(1) 工作相关因素。由于工作投入是在工作场所发生的，工作相关的因素对其有直接的影响，主要包括工作资源、工作需求和工作情境。工作要求-资源模型认为，工作资源既能帮助员工完成工作目标，还可以满足其成就感和成长的需要，有利于促进工作投入②。当员工获得较多的工作自主性(job autonomy)、工作指导(job instruction)③、工作控制感(job control)④和来自同事的支持(support from colleagues)⑤时，能够更好地投入工作。

领导和组织氛围是影响工作投入程度的重要工作情境。领导的行为作为影响员工工作投入的重要因素，能够通过训练(coaching)和增加员工的积极体验，促进他们的工作投入⑥。例如，变革型领导(transformational leadership)会增加员工乐观(optimism)体验，并提高他们的工作投入水平⑦。授权型领导(empowering leadership)则通过增加员工的工作自主性，使他们更好地投入工作角色⑧。此外，组织的心理氛围(organizational psychological atmosphere)⑨通过

---

① Bakker A B, Demerouti E, Sanz-Vergel A I. Burnout and work engagement: The JD-R approach[J]. Annual Review of Organizational Psychology and Organizational Behavior, 2014, 1(1): 89-97.

② Bakker A B, Bal M P. Weekly work engagement and performance: A study among starting teachers [J]. Journal of Occupational and Organizational Psychology, 2010, 83(1): 189-206.

③ Xanthopoulou D, Bakker A B, Demerouti E, et al. Work engagement and financial returns: A diary study on the role of job and personal resources[J]. Journal of Occupational and Organizational Psychology, 2009, 82(1): 183-200.

④ Kühnel J, Sonnentag S, Bledow R. Resources and time pressure as day-level antecedents of work engagement[J]. Journal of Occupational and Organizational Psychology, 2012, 85(1): 181-198.

⑤ Xanthopoulou D, Bakker A B, Heuven E, et al. Working in the sky: A diary study on work engagement among flight attendants[J]. Journal of Occupational Health Psychology, 2008, 13(4): 345-353.

⑥ Xanthopoulou D, Bakker A B, Demerouti E, et al. Reciprocal relationships between job resources, personal resources, and work engagement[J]. Journal of Vocational Behavior, 2009, 74(3): 235-244.

⑦ Tims M, Bakker A B, Xanthopoulou D. Do transformational leaders enhance their followers' daily work engagement? [J]. The Leadership Quarterly, 2011, 22(1): 121-131.

⑧ Tuckey M R, Bakker A B, Dollard M F. Empowering leaders optimize working conditions for engagement: A multilevel study[J]. Journal of Occupational Health Psychology, 2012, 17(1): 15-21.

⑨ Xanthopoulou D, Bakker A B, Demerouti E, et al. Reciprocal relationships between job resources, personal resources, and work engagement[J]. Journal of Vocational Behavior, 2009, 74(3): 235-244.

影响员工对本组织形象的态度以及相应的情感反应，增加员工的工作投入。

(2) 工作外的活动(after-work activities)。资源保存理论认为，工作投入本身会消耗个人的资源，需要通过生理、认知和情绪的恢复①来维持下一阶段的工作投入。Macey 和 Schneider② 指出，为了维持长期稳定的工作投入，员工就不能在短时期持续处于高投入状态。沉浸在工作中的员工需要从工作中抽离出来，通过参加工作外活动适时地补充个人的体力、舒缓个人情绪和压力，以保证接下来的工作投入。研究发现，下班后能从工作中抽离出来的员工往往更有活力，且更少感知到疲倦③。在周末短假期中感知到心理抽离的员工，也能够在下一周有更高水平的工作投入④。在这个过程中，员工如果能够通过参加各种社交活动和体育锻炼，实现心理抽离和身体放松，就可能增加第二天工作中的活力⑤。但是，如果下班后继续专注于工作，就可能影响他们的体力恢复和第二天的工作精力。

(3) 个人资源。在工作相关的资源之外，个人自身还拥有生理、认知和情绪资源，这些资源能够帮助他们更好掌控工作环境，并在工作中表现出积极、完满的投入状态。工作投入的研究表明，员工的自我效能感(self-efficiency)⑥、基于组织的自尊(self-esteem)⑦、乐观主义(optimism)⑧、韧性(resilience)和积极应对方式(positive coping)都能正向预测工作投入的增加⑨。在缺乏领导支持的

---

① Kühnel J, Sonnentag S, Bledow R. Resources and time pressure as day-level antecedents of work engagement[J]. Journal of Occupational and Organizational Psychology, 2012, 85(1): 181-198.

② Macey W H, Schneider B. The meaning of employee engagement [J]. Industrial and Organizational Psychology, 2008, 1(1): 3-30.

③ Demerouti E, Bakker A B, Sonnentag S, et al. Work-related flow and energy at work and at home: A study on the role of daily recovery[J]. Journal of Organizational Behavior, 2012, 33(2): 276-295.

④ Kühnel J, Sonnentag S, Westman M. Does work engagement increase after a short respite? The role of job involvement as a double-edged sword [J]. Journal of Occupational and Organizational Psychology, 2009, 82(3): 575-594.

⑤ Ten Brummelhuis L L, Bakker A B. A resource perspective on the work-home interface: The work-home resources model[J]. American Psychologist, 2012, 67(7): 545-556.

⑥ Salanova M, Llorens S, Schaufeli W B. "Yes, I can, I feel good, and I just do it!" on gain cycles and spirals of efficacy beliefs, affect, and engagement[J]. Applied Psychology, 2011, 60(2): 255-285.

⑦ Xanthopoulou D, Bakker A B, Demerouti E, et al. Work engagement and financial returns: A diary study on the role of job and personal resources[J]. Journal of Occupational and Organizational Psychology, 2009, 82(1): 183-200.

⑧ Xanthopoulou D, Bakker A B, Demerouti E, et al. Work engagement and financial returns: A diary study on the role of job and personal resources[J]. Journal of Occupational and Organizational Psychology, 2009, 82(1): 183-200.

⑨ Xanthopoulou D, Bakker A B, Demerouti E, et al. The role of personal resources in the job demands-resources model[J]. International Journal of Stress Management, 2007, 14(2): 121-132.

工作日，员工能够通过自我管理策略（self-management strategies）①和工作重塑（job crafting）②增加工作资源，提高工作投入。

个体的身体素养也是影响工作投入的要素之一，面对工作投入造成的个人资源消耗，个人还能够通过良好的恢复获得更多的精力和情感资源，维持接下来的工作投入③。实证研究表明，工作日早晨的恢复水平，能够正向预测当天的工作投入④。

人格特征是影响工作投入的一个重要个体资源。五大人格特征是指开放性（openness）、责任心（conscientiousness）、外向性（extraversion）、宜人性（agreeableness）、神经质或情绪稳定性（neuroticism）。Kim，Shin 和 Swanger⑤在五大人格（Big Five personality traits）与工作投入中发现很强的联结，高外向性与低神经质的员工具有较高的工作投入，也推及性格也是影响员工工作投入的因素。

（4）个人情绪。由于工作投入本身是一种积极情感的激发状态⑥，因此情绪可能预测工作投入的短期变化。瞬间变化的情绪在很多时候是导致工作投入波动的直接诱因。实证研究发现，个人在工作日体验到的积极情绪与当天的工作投入正相关⑦，而负面情绪则与当天的工作投入负相关。Ouweneel，Le Blanc 和 Schaufeli 等⑧的研究表明，当天的积极情绪是通过与工作相关的希望（hope）影响工作投入的。Bledow，Schmitt 和 Frese 等⑨则指出，除了两种情绪各自对工作投入的影响，两者的转换（shift）也会引发工作投入的波动。他们研究发现，当员工

① Breevaart K，Bakker A. How leaders influence their followers' work engagement[J]. European Work and Organizafional Psychology in Practice，2013，5(3)：31-35.

② Tims M，Bakker A B，Derks D. The impact of job crafting on job demands，job resources，and well-being[J]. Journal of Occupational Health Psychology，2013，18(2)：230-241.

③ Kühnel J，Sonnentag S，Bledow R. Resources and time pressure as day-level antecedents of work engagement[J]. Journal of Occupational and Organizational Psychology，2012，85(1)：181-198.

④ Sonnentag S，Mojza E J，Demerouti E，et al. Reciprocal relations between recovery and work engagement：The moderating role of job stressors[J]. Journal of Applied Psychology，2012，97(4)：842-853.

⑤ Kim H J，Shin K H，Swanger N. Burnout and engagement：A comparative analysis using the Big Five personality dimensions[J]. International Journal of Hospitality Management，2009，28(1)：96-104.

⑥ Bakker A B，Albrecht S L，Leiter M P. Work engagement：Further reflections on the state of play[J]. European Journal of Work and Organizational Psychology，2011，20(1)：74-88.

⑦ Tims M，Bakker A B，Xanthopoulou D. Do transformational leaders enhance their followers' daily work engagement?［J］. The Leadership Quarterly，2011，22(1)：121-131.

⑧ Ouweneel A，Le Blanc，P. M.，Schaufeli，W. B.，et al. Good morning，good day：A diary study on positive emotions，hope，and work engagement[J]. Human Relations，2012，65(9)：1129-1154.

⑨ Bledow R，Schmitt A，Frese M，et al. The affective shift model of work engagement[J]. Journal of Applied Psychology，2011，96(6)：1246-1257.

上午经历消极情绪和消极事件时，如果其间消极情绪被积极情绪取代，下午的工作投入就会增加。这是因为个人的情绪调节(emotional regulation)能够发挥负面情绪的积极作用，从而提高工作投入水平。

从以上影响员工工作投入的前置因素可以看出，工作相关因素，例如工作要求、工作资源、工作自主性等影响工作投入的外部因素都来自组织内部环境。工作外的活动和情绪因素仅能在短时间内影响员工的工作投入，例如员工通过慢跑(jogging)和冥想(meditation)能够在短时间内使工作状态得到恢复，从而提高工作投入。而个人资源属于影响员工工作投入的自身内部因素，对工作投入有比较强烈的影响作用。个人资源仍然是会被消耗的，如高度的自我效能感与乐观主义属于一种个人资源，但是当员工在工作中遇到困难和挫折，其自我效能感与乐观主义就可能会被消耗。另外，自我效能感与乐观主义是可以被后天培养的。相比较而言，价值观对员工工作投入的影响效果更加强烈，因为价值观是个人在早期社会化过程中形成的一种对客观事物的看法或评价。个人的价值观一旦确立，便具有相对的稳定性；人一旦形成一定的价值取向和行为定式，是不易改变的。

当员工在工作中遇到困难或挫折，价值观能够引导员工坚持付出工作投入，不会轻易放弃。价值观也是一种评价做事情的标准：从符合工作特征的价值观出发，员工的工作投入能够带来比较正面的个人行为结果；而从不符合工作特征的价值观出发，员工的工作投入就可能会带来负面的个人行为结果。因此本研究从价值观角度出发去研究员工的工作投入。

2.5.2 工作投入的结果因素

工作投入会带来哪些影响呢？工作投入是一种在工作中正向的、履行的与具有情感动机的状态①，其不只是重视在部分事物、事件、个体或行为上，而是反映员工在工作上高内在动机的心理状态②，因此，组织若增强员工工作投入会改善员工绩效。其亦与组织承诺有关联③。也就是说，工作投入正向影响着员工

① Bakker A B, Albrecht S L, Leiter M P. Work engagement: Further reflections on the state of play[J]. European Journal of Work and Organizational Psychology, 2011, 20(1): 74-88.

② Salanova M, Llorens S, Schaufeli W B. “Yes, I can, I feel good, and I just do it!” on gain cycles and spirals of efficacy beliefs, affect, and engagement[J]. Applied Psychology, 2011, 60(2): 255-285.

③ Kovjanic S, Schuh S C, Jonas K. Transformational leadership and performance: An experimental investigation of the mediating effects of basic needs satisfaction and work engagement[J]. Journal of Occupational and Organizational Psychology, 2013, 86(4): 543-555.

绩效及组织产出，是个体表现与组织产出的重要决定因素①。

根据研究指出，员工若有高度工作投入将会倾向专注于工作中，并且会有较好的产出，使得工作绩效正向增加，员工亦会产生高水平的正向能量，对自己的工作充满热情，进而完全沉浸在工作中。在面对压力时，他们会积极面对并竭尽所能，甚至可以忍受批评或冷嘲热讽，展现很高的工作效率。相对地，员工若无高度工作投入，则容易感到倦怠，不愿付出太多心力去参与，工作效率也随之低落②。

另外，工作投入的员工会在工作中积极主动，亦会寻找与发现更多能激励工作之挑战，并可有效地解决问题以达到更好的绩效，进而促使自己更投入工作③。工作投入的员工不仅有较高的绩效，还有较高的组织公民行为，这种行为未规定于员工的工作角色义务中，而是员工主动做出的有利于组织绩效的行为，提高了组织功能的有效性④。既有研究已证实，工作投入会负向影响离职意图⑤，亦即当员工工作投入时，则会降低其离职想法，并比较愿意留任为组织卖命，进而提升员工本身对组织的留职承诺。确实有研究指出，工作投入会正向影响组织承诺(organizational commitment)⑥，亦即工作投入的员工，会比较愿意为组织奉献心力，并积极参与组织的活动，对组织亦有较高程度的认同感与忠诚度。

综合上述可知，工作投入为与工作相关之正向心理状态，并对组织具有正向影响力，且能提高员工的主动积极行为、绩效表现、组织公民行为及组织承诺，并降低员工的离职意图。此外，Bakker 和 Xanthopoulou⑦ 指出，组织中的成员会将自身的工作投入传递至与他亲近的同事，使该同事有更好的绩效表现。换言之，倘若某位员工工作投入，则其亲近同事亦会跟着工作

---

① Rich B L, LePine J A, Crawford E R. Job engagement: Antecedents and effects on job performance[J]. Academy of Management Journal, 2010, 53(3): 617-635.

② Andrews M C, Kacmar K M, Valle M. Regulatory focus and perceived self-value as predictors of work engagement[J]. Journal of Applied Management and Entrepreneurship, 2016, 21(1): 5-18.

③ Hakanen J J, Perhoniemi R, Toppinen-Tanner S. Positive gain spirals at work: From job resources to work engagement, personal initiative and work-unit innovativeness[J]. Journal of Vocational Behavior, 2008, 73(1): 78-91.

④ Rich B L, LePine J A, Crawford E R. Job engagement: Antecedents and effects on job performance[J]. Academy of Management Journal, 2010, 53(3): 617-635.

⑤ Schaufeli W B, Bakker A B. Job demands, job resources, and their relationship with burnout and engagement: A multi-sample study[J]. Journal of Organizational Behavior, 2004, 25(3): 293-315.

⑥ Hakanen J J, Schaufeli W B, Ahola K. The job demands-resources model: A three-year cross-lagged study of burnout, depression, commitment, and work engagement[J]. Work & Stress, 2008, 22(3): 224-241.

⑦ Bakker A B, Xanthopoulou D. The crossover of daily work engagement: Test of an actor-partner interdependence model[J]. Journal of Applied Psychology, 2009, 94(6): 1562-1575.

投入，进而让所有员工皆工作投入，以及拥有良好的绩效表现，甚至使公司整体绩效优良。因此，对组织而言，员工在工作上是否达到投入状态很重要。

其他也有许多学者提出与工作投入的相关研究，证实员工的高工作投入能够使组织或员工个人产生很多利益，兹将列出如表2-4。

表2-4 员工工作投入产生的利益

相关学者观点	产生的利益
Kahn (1990)	更好的个体绩效
Luthans (2002)	管理效能
Harter, Schmidt, Hayes (2002)	组织单位的绩效
Harter, Schmidt, Hayes (2002)	组织的财务获利
Schaufeli, Bakker (2004)	降低员工的缺席率与流动率
Saks (2006)	角色内与角色外行为、工作满意度
Salanova, Schaufeli (2008)	工作主动性
Halbesleben (2010)	组织承诺、降低缺席率与流动率
Slåtten, Mehmetoglu (2011)	部分员工的创新行为
Kovjanic, Schuh, Jonas (2013)	员工绩效与组织承诺
Keyko (2014)	顾客满意度、生产力、获利率及员工营业额等

资料来源：本研究整理

由上述文献中可以发现，员工高度的工作投入能够带来许多正面效果，例如提升员工个人绩效Kahn①、降低员工的缺席率与流动率②、提升组织的财务获利③、增强员工的组织承诺④等；大部分研究均认为员工的工作投入对个人能够带来积极正面的影响结果。本研究按照社会交换理论的观点，认为员工付出工作投入前，首先主观判断投入的结果是否有价值。因为员工的工作投入是为了与组织交换有价值的东西，而判断对方的交换物有无价值的依据是来自于个人价值观，因此本研究选择价值观作为影响工作投入的前置因素。但

① Kahn W A. Psychological conditions of personal engagement and disengagement at work[J]. Academy of Management Journal, 1990, 33(4): 692-724.

② Schaufeli W B, Bakker A B. Job demands, job resources, and their relationship with burnout and engagement: A multi-sample study[J]. Journal of Organizational Behavior, 2004, 25(3): 293-315.

③ Harter J K, Schmidt F L, Hayes T L. Business-unit-level relationship between employee satisfaction, employee engagement, and business outcomes: A meta-analysis[J]. Journal of Applied Psychology, 2002, 87(2): 268-279.

④ Halbesleben J R. A meta-analysis of work engagement: Relationships with burnout, demands, resources, and consequences[M]//Bakker A B, Leiter M P. Work Engagement: A Handbook of Essential Theory and Research: Volume 8. New York: Psychology Press, 2010: 102-117.

是员工在工作投入之后，对于从组织那里得到的报酬的衡量是主观的，可能会觉得公平或不公平。因此员工在评估与组织的交换过程中，依据其付出的工作投入和得到的组织报酬之间的交换关系，可能会产生不同的个人行为结果。

2.5.3 过去研究汇整

随着积极心理学的兴起与发展，心理学从传统的主要关注人类消极问题的解决，走向了同时关注人类的积极心理层面。在此背景下，工作投入成为热点研究课题。除了对工作投入概念的界定以及测量外，影响工作投入的因素以及工作投入带来的结果亦是此领域的焦点问题。

研究者们对工作投入的前因变量开展了研究。与工作特征有关的因素被证实对工作投入有影响，如组织支持（organizational support）、管理者支持（management support）、组织认同（organizational identification）、组织公平，都对工作投入有影响①。工作要求-资源模型解释了工作投入与工作倦怠由不同的工作特征所引发，工作资源是工作投入的前因变量，工作要求则是工作倦怠的前因变量。此外，文献研究发现，工作要求（job demands）②、可得的工作资源（available job resources）③、主管与员工目标一致性（goal congruence）④、知觉组织支持（perceived organizational support）⑤、顾客导向（customer orientation）⑥等因素都能促使员工更加努力投入工作。

因为在众多影响工作投入的因素中，大部分因素属于影响工作投入的内部环境因素，个人无法通过自身去改变这些因素。价值观是个人在早期社会化过

① Saks A M. Antecedents and consequences of employee engagement[J]. Journal of Managerial Psychology, 2006, 21(7): 600-619.

② Garrick A, Mak A S, Cathcart S, et al. Psychosocial safety climate moderating the effects of daily job demands and recovery on fatigue and work engagement[J]. Journal of Occupational and Organizational Psychology, 2014, 87(4): 694-714.

③ Schaufeli W B, Bakker A B. Job demands, job resources, and their relationship with burnout and engagement: A multi-sample study[J]. Journal of Organizational Behavior, 2004, 25(3): 293-315.

④ Clercq D, Bouckenooghe D, Raja U, et al. Unpacking the goal congruence — organizational deviance relationship: The roles of work engagement and emotional intelligence[J]. Journal of Business Ethics, 2014, 124(4): 695-711.

⑤ Zhong L, Wayne S J, Liden R C. Job engagement, perceived organizational support, high-performance human resource practices, and cultural value orientations: A cross-level investigation[J]. Journal of Organizational Behavior, 2015, 112(6): 331-352.

⑥ Yoo J J, Arnold T J. Customer orientation, engagement, and developing positive emotional labor[J]. The Service Industries Journal, 2014, 34(16): 1272-1288.

程中形成的一种不容易被改变的人性本质。人的价值观会影响其对待事物的态度和行为，因此了解一个人的价值系统有助于理解他的行为①。本研究所探讨的价值观对员工工作投入有强烈的影响，因为价值观是一种与生俱来的价值导向。当员工在工作中遇到困难或挫折，价值观能够引导员工坚持付出工作投入，不会轻易放弃。价值观也是一种评价做事情的标准，从符合工作特性的价值观出发，员工的工作投入能够带来比较正面的个人行为结果；而从不符合工作特征的价值观出发，员工的工作投入就可能会带来负面的个人行为结果。因此本研究选择价值观作为研究工作投入的前因变量因素。

工作投入作为积极的、充实的工作状态，其对工作的积极影响效果受到广泛认同②。现有研究所讨论的与工作投入有关的结果变量主要包括工作满意度、工作绩效、组织公民行为、幸福感(happiness)③、离职倾向④等。大部分研究均认为员工的工作投入无论是对个人，还是对组织均能够带来积极正面的影响。本研究依据社会交换理论的观点，认为员工的工作投入是为了与组织进行某种形式的利益交换，依据员工对付出的工作投入和获得的组织报酬之间交换关系的评估，从而可能会产生不同的个人行为结果。具体影响工作投入的前因变量，以及工作投入产生的结果变量可参见表2-5。

2.6 中国电脑销售员工的价值观倾向

销售人员在从事销售工作时，支撑销售人员持续的工作投入的影响因素中，价值观具有导向作用。因为价值观是一种评价做事情的标准，从符合工作特性的价值观出发，员工的工作投入能够带来比较正面的个人行为结果。因此，本研究主要基于 Hofstede⑤ 发展出基于西方文化的五个价值观导向，即权力距离

① Bakker A B, Bal M P. Weekly work engagement and performance: A study among starting teachers[J]. Journal of Occupational and Organizational Psychology, 2010, 83(1): 189-206.

② Saks A M. Antecedents and consequences of employee engagement[J]. Journal of Managerial Psychology, 2006, 21(7): 600-619.

③ Hallberg U E, Schaufeli W B. "Same same" but different? Can work engagement be discriminated from job involvement and organizational commitment? [J]. European Psychologist, 2006, 11(2): 119-127.

④ Schaufeli W B, Bakker A B. Job demands, job resources, and their relationship with burnout and engagement: A multi-sample study[J]. Journal of Organizational Behavior, 2004, 25(3): 293-315.

⑤ Hofstede, G. Culture and Organization [J]. International Studies of Management & Organization, 1980, 10(4): 15-41.

表 2-5 工作投入的前因变量和结果变量的主要相关研究

引用文献	前因变量	结果变量	重要贡献	测量方法	研究类型/样本
Saks (2006)	工作特征(job characteristics)、组织支持(organizational support)	工作满意度、组织承诺、离职倾向	工作特征和组织支持与工作投入呈显著正相关，可对工作投入起预测作用； 工作投入与工作满意度、组织承诺呈显著正相关，与离职倾向呈负相关。工作投入可以预测后三者	自制 6 题目量表，表征个体在工作中所处的心理状态	102 位不同行业工作人员，平均年龄 34 岁
Xanthopoulou, Bakker, Demerouti, Schaufeli (2009)	工作资源和自我效能感	经济收入(financial returns)	在有可获得的工作资源和员工的自信水平高的工作日，员工的工作投入水平也高；工作投入高的员工的收入更高	UWES-9 量表	52 位快餐行业员工
Sonnentag, Mojza, Demerouti, Bakker (2012)	个体早晨恢复水平(morning recovery level)	一天工作结束后的个体恢复水平(subsequent recovery level)	个体早晨的恢复水平可以预测全天的工作投入； 工作投入对一天工作结束后的恢复水平有预测作用，其中工作要求和情境限制作为调节因素	UWES-9 量表	122 位来自不同行业的个体

（续表）

引用文献	前因变量	结果变量	重要贡献	测量方法	研究类型/样本
Kataria, Garg, Rastogi (2013)	心理氛围（psychological climate）：角色清晰性、自我表达、工作挑战性、认可、贡献和支持性管理	组织公民行为（Organizational Citizenship Behavior）	心理气氛中的角色清晰性、自我表达、工作挑战性、认可、贡献和支持性管理分别与工作投入存在显著正相关，且对工作投入有预测作用； 工作投入正向预测组织公民行为	采用 UWES-9 量表将工作投入作为单因素进行测量，提取 Kahn (1990) 工作投入的概念进行解释	13 个 IT 公司的 278 名员工
Clercq, Boucke-nooghe, Raja, Matsyborska (2014)	员工与主管的目标一致性（goal congruence）	组织偏差（organizational deviance）	员工与主管的目标一致性正向影响工作投入； 工作投入负向影响组织偏差	UWES-9 量表	393 名 IT 工作者
Yoo, Arnold (2014)	顾客导向（customer orientation）	表层动作与深层动作（surface acting and deep acting）	顾客导向正向影响工作投入； 工作投入负向影响表层动作，正向影响深层动作	UWES-9 量表	750 名服务业员工

(power distance)、不确定性的规避(uncertainty avoidance)、个人主义/集体主义(individualism/collectivism)、男性气质/女性气质(masculinity /femininity)、长期取向/短期取向(long-term/short-term)，去研究中国销售人员的价值观。

传统上销售人员从事销售工作的特征主要是：(1)按个人的销售业绩提成，来领取报酬或奖励①。(2)销售工作面临的风险比较大，常常很难完成销售业绩，工作不太稳定②。(3)销售工作比较重视销售人员短期的业绩，销售公司希望员工能在较少的时间获得最多的销售业绩③。(4)销售工作的对象是顾客，需要与顾客维持好关系，因此销售人员的人际关系比一般工作更重要。

权力距离是人们对于权力分配不平等现象接受的程度④。一般而言，高度权力距离的组织，权力集中于少数人身上，员工对于主管表现出敬畏，因此可以根据上级决策的方式(民主还是专制)来考虑权力距离的高低⑤。销售工作比较重视销售人员的绩效，以及销售对象主要是顾客，如何维持与顾客的关系及获取销售业绩才是销售人员最为关心的问题，因此销售人员与销售主管之间的权力距离的高低不适合用来探讨销售人员的工作投入与工作绩效。

男性气质的社会具有独断性且充满支配性；女性气质的社会倾向为多服务与照顾别人。此外，高度男性作风的社会中，人们有崇拜金钱的导向，他们也较少关怀别人。反之，在女性作风的社会中，人们愿意去维持良好的人际关系，也重视生活的质量⑥。男性气质和女性气质可以被视为是一个人的性格特质的价值观取向偏向于男性化或女性化。由于销售工作是按个人的销售业绩提成，来领取报酬或奖励的⑦，一个人无论具有男性气质还是女性气质，都需要尽力去完

① Brewer G. Mind reading: What drives top salespeople to greatness[J]. Sales and Marketing Management, 1994, 146(5): 82-87.

② Brown S P, Peterson R A. The effect of effort on sales performance and job satisfaction[J]. Journal of Marketing, 1994, 58(2): 70-80.

③ Cravens D W, Woodruff R B. An approach for determining criteria of sales performance[J]. Journal of Applied Psychology, 1973, 57(3): 242-245.

④ Hofstede, G. Comparing behaviors across nations — some suggestions to Levine and Norenzayan[J]. Cross-Cultural Psychology Bulletin, 2001, 35(3): 27-29.

⑤ Bochner S. Hesketh B. Power distance, individualism/collectivism, and job-related attitudes in a culturally diverse work group[J]. Journal of Cross-Cultural Psychology, 1994, 25(2): 233-257.

⑥ Hofstede G. Comparing behaviors across nations — some suggestions to Levine and Norenzayan [J]. Cross-Cultural Psychology Bulletin, 2001, 35(3): 27-29.

⑦ Brewer G. Mind reading: What drives top salespeople to greatness[J]. Sales and Marketing Management, 1994, 146(5): 82-87.

成销售业绩，才能获取报酬，因此男性气质与女性气质不适合被用来探讨销售人员的工作投入和工作绩效。

重视长期时间导向的人们，在许多事物价值上能够接受迟来的结果，他们十分愿意为未来的投资忍耐，期待日后的丰收，此文化体系下的人们节俭、奉献，例如中国儒家文化即有长期时间导向倾向。反之，短期导向文化体系国家人民较为急功近利，其优点为能够追求速战速决的效率，例如美国文化即有此偏向。销售工作比较重视销售人员短期的业绩，销售公司希望员工能在较少的时间获得最多的销售业绩①，销售工作讲究的就是速战速决的效率和取得销售业绩，因此探讨销售人员的长期取向与短期取向没有意义。

销售人员是以社会交往为主要活动方式的社交型职业，对从业者的社会交往能力要求较高，从业者需要对别人的心理和反应有较强的判断能力、强烈的自信心、非凡的亲和力、广博的见识和语言表达的感染力、较强的群体意识，善于影响他人②，因此销售人员需要具有强烈的集体主义价值观。中国销售人员为了获取客户，不仅要能吃苦，还要有毅力，即百折不挠、坚持到底的精神③。因此，销售人员需要有一种高度的紧迫感和进取心，积极努力地去投入工作，不确定性规避程度高的员工，由于对未来的不确定感到焦虑，因此内心易形成这种高度的紧迫感和进取心。根据中国的销售人员的特点，集体主义和不确定性规避这两个价值观导向比较符合中国销售人员的价值取向，因此本研究选择集体主义和不确定性规避两种价值观视角去研究中国电脑销售人员的工作投入。

从传统东方文化价值观来看，华人重视集体主义和高不确定性规避价值观，但是由于近年来受到西方文化价值观的冲击，中国销售人员的价值观接近于西方，也出现了很多个人主义和低不确定性规避价值观的人从事销售工作，因此在本研究的样本选择中，有集体主义和高不确定性规避价值观的销售人员，也有个人主义和低不确定性规避价值观的销售人员。

另外，抽样的对象主要是针对小公司的销售人员。由于大公司的组织文化相对统一，在样本选择中，有可能集体主义和高不确定性规避价值观的员工比较

---

① Cravens D W, Woodruff R B. An approach for determining criteria of sales performance[J]. Journal of Applied Psychology, 1973, 57(3): 242-245.

② Liu S S. A research note: Reward perceptions of Hong Kong and mainland Chinese sales personnel[J]. Journal of Personal Selling & Sales Management, 1998, 18(3): 47-55.

③ Sin, L. Y. M., Yau, O. H. M. The antecedents and consequences of role stress among Chinese salespersons: An exploratory study in Hong Kong[J]. Asia Pacific Journal of Marketing and Logistics, 1995, 7(1/2): 62-86.

多，因此抽样对象选择小公司销售人员，价值观会更加多样化。

本研究结合中国文化情境，认为相对于个人主义和低不确定性规避价值观，集体主义和高不确定性规避价值观的销售人员能够更好地付出工作投入，从而产生更好的绩效行为。

在销售行业，通常是按个人的销售业绩提成，销售人员凭借个人的努力就可以完成销售任务①，传统上销售人员的价值观可能偏向于个人主义，但是具有集体主义价值观的销售人员可能更有利于工作投入，原因可归纳为以下四点。

(1) 合作性：集体主义价值观的销售人员会相互之间分享客户的信息，可以使员工更好地从事销售工作。

(2) 有人引导：集体主义价值观的销售人员倾向于接受主管的建议和帮助，与销售主管的关系较为融洽，主管也会经常提出建议和帮助，使员工能够更好地从事销售工作。

(3) 避免风险：个人主义的销售人员从事销售工作容易被客户拒绝，而集体主义价值观的销售人员互相协作，更加容易达成销售目标。

(4) 降低成本：个人去完成销售任务花费的成本比较高，需要花费大量的时间、精力联络客户，而集体主义价值观的销售人员互相分享客户资源，更容易完成销售目标。

销售业绩的波动性较大，意味着从事销售工作具有不稳定性，面临的风险比较大②，传统上销售人员可能偏向于低不确定性规避价值观。但是相较于低不确定规避价值观的销售人员，高不确定性规避价值观的销售人员可能更有利于工作投入，原因可归纳为以下两点：

(1) 对公司的忠诚度更高：高不确定性规避价值观的销售人员可能会积极地付出工作投入，规避可能遇到的风险，为未来做准备，他们不会频繁地跳槽，希望从公司得到稳定的工作机会，因此他们对公司的忠诚度更高。

(2) 高度的紧迫感和进取精神：高不确定性规避价值观的销售人员通常有高度的紧迫感和进取心，积极地为未来做准备，所以容易产生努力工作的内在动力。

图 2-5 表示不同的价值观下销售人员可能存在的销售类型：第一象限中集

---

① Brewer G. Mind reading: What drives top salespeople to greatness[J]. Sales and Marketing Management, 1994, 146(5): 82-87.

② Brown S P, Peterson R A. The effect of effort on sales performance and job satisfaction[J]. Journal of Marketing, 1994, 58(2): 70-80.

体主义和高不确定性规避价值观的销售人员可能趋向于稳定的团队合作型销售模式;第二象限中个人主义和高不确定性规避价值观的销售人员可能趋向于个人的安逸型销售模式,依靠个人销售,但是追求稳定,不希望发生风险;第三象限中个人主义和低不确定性规避价值观的销售人员属于传统的销售模式,因为销售工作面临的风险大,具有不稳定性,并且销售一般是按个人的销售业绩提成,因此传统的销售模式是个人销售、不稳定的工作形态;第四象限中集体主义和低不确定性规避价值观的销售人员趋向于不稳定的团队合作型销售模式。

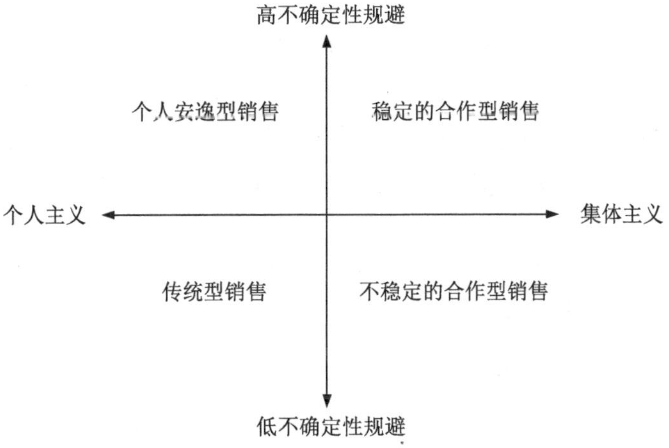

图 2-5　不同价值观下的销售类型

根据上述的分析,传统型销售人员可能偏向于个人主义和低不确定性规避的价值观,但是公司如果选择集体主义和高不确定性规避价值观的销售人员,员工则可能会更好地付出工作投入,产生更好的工作绩效。按照社会交换理论的观点,电脑销售人员的工作投入,是为了获取组织给予的报酬,报酬可以是实物的金钱报酬,也可以是诸如荣誉、尊重等无形的报酬①。集体主义和高不确定性规避价值观的销售人员的销售类型属于稳定的合作型销售,可以有效地享受销售便利性、降低销售成本、避免销售风险,以及对公司有高忠诚度和维持好长期的客户关系,因此集体主义和高不确定性规避价值观的销售人员与个人主义和低不确定性规避价值观的销售人员相比,能够更好地开展销售工作,即更好地付出工作投入。集体主义和高不确定性规避价值观的销售人员的工作投入能够更

① Befu H. Social exchange[J]. Annual Review of Anthropology, 1977, 6(1): 255-281.

好地得到销售团队的尊重和认可，以及趋向于稳定的工作保障，从而有可能产生更好的工作绩效。

2.7 价值观影响工作投入的解释

价值观是人们形成的一种对具体行为模式和生活意义的持久信念。价值观在个人认知系统中具有核心的地位，对行为具有至关重要的影响力。根据 Bilsky 和 Schwartz (1994)①的定义，价值观是人们向往的某些状态、对象、目标或行为，它超越具体情景而存在，可作为在一系列行为方式中进行判断和选择的标准。Hofstede (2001)②认为，虽然价值观同个人的选择有关，但并不意味着价值观具有非常丰富的个别性。社会文化体系，包括社会规范、大众心理认同、社会的风气及人的信仰等，时刻引导着个体做出价值判断和选择。因此，价值观代表着社会群体所共享的对事物及行为的意义、效用的评定标准。

按照社会交换理论的观点，员工付出工作投入前，首先会判断投入的结果是否有价值，因为员工的工作投入是为了与组织交换有价值的东西，而判断对方的交换物有无价值的依据是来自个人价值观。员工付出工作投入是希望从组织那里得到报酬，因此若员工评估付出的工作投入能够从组织那里得到高的报酬，员工将可能会积极地工作投入；若员工评估付出的工作投入能够从组织那里得到的报酬很低，员工将可能不会积极地工作投入。现有研究普遍将工作投入界定为稳定、持久、具有倾向性的积极工作状态，并不是一种短暂(transient)的体验③。因为组织追求的绩效是一种长期的绩效行为，而长期的绩效需要长期的工作投入，因此集体主义和不确定性规避作为两种个人价值观，比较符合员工工作投入的特征，可以作为员工评估是否应付出工作投入的依据。下面将分别予以介绍。

集体主义是指个体把自己看作是互相依赖的，是一个社会或者团体的成员。

---

① Bilsky W, Schwartz S H. Values and personality[J]. European Journal of Personality, 1994, 8 (3): 163-181.

② Hofstede G. Comparing behaviors across nations — some suggestions to Levine and Norenzayan [J]. Cross-Cultural Psychology Bulletin, 2001, 35(3): 27-29.

③ Schaufeli W B, Salanova M, González-Romá V, et al. The measurement of engagement and burnout: A two sample confirmatory factor analytic approach[J]. Journal of Happiness Studies, 2002, 3 (1): 71-92.

所谓集体主义倾向是以人与人的关系来看待个人，重视团体中个人间的良性互动关系，强调个人是组织的一分子，重视团体中和谐的气氛，以及个人对团体正面的贡献。当个人目标与团体目标互相冲突时，个人则会以团体利益为优先①。

拥有集体主义价值观的员工对组织的情感依恋度更高，更倾向于把自己看作是组织的一部分，对组织有更高的使命感和责任感，比较关心组织的整体利益，对所在的组织具有较高的忠诚度和荣誉感②。在集体主义感知下，集体主义者会对其他集体主义者做出更高的评价，进而导致更高的人际和谐与信任③。个体的集体主义倾向也会促进自我定义和自我价值同组织紧密联系④。以上学者的研究表明拥有集体主义价值观的员工更倾向于关心组织的整体利益，更容易融入组织中。

因为集体主义价值观的员工更倾向于团队合作，因此能够促进员工进行广泛的信息交换，这有助于员工更好地适应环境，并提高工作投入和绩效⑤。集体主义强调团队合作、人际和谐，强调自我融入集体中，这种积极的融入能够提高员工的工作投入⑥。

根据社会交换理论的观点，员工的集体主义程度越高，可能越重视在群体中获得他人的认同。他们认为在群体中工作更有价值，会认为融入群体，在群体中参与组织的工作能够使他们获得的心理报酬也高(组织的认可或尊重)，因此员工将可能会更加努力地投入工作，这是一种员工与组织的交换过程。而个人主义价值观重视个人独特的能力与属性，重视自己与他人间的区别性，关心自己，个人目标优于团体目标，与团体成员间为独立的关系；个人主义取向者重视自我利益与个人目标，因此个人主义者不喜欢在群体中投入工作，希望通过个人的努力去完成工作任务。但是依靠个体的努力可能只能在短期内付出工作投入以完

---

① Oyserman, Lee S W. Does culture influence what and how we think? Effects of priming individualism and collectivism[J]. Psychological Bulletin, 2008, 134(2): 311-342.

② Hofstede G. Comparing behaviors across nations — some suggestions to Levine and Norenzayan [J]. Cross-Cultural Psychology Bulletin, 2001, 35(3): 27-29.

③ Fiske A P. Using individualism and collectivism to compare cultures — a critique of the validity and measurement of the constructs: Comment on Oyserman et al[J]. Psychological Bulletin, 2002, 128 (1): 78-88.

④ Brewer M B, Chen Y R. Where (who) are collectives in collectivism? Toward conceptual clarification of individualism and collectivism[J]. Psychological Review, 2007, 114(1): 133-151.

⑤ Miller J G. Bring culture to basic psychological theory — beyond individualism and collectivism: Comment on Oyserman et al[J]. Psychological Bulletin, 2002, 128(1): 97-109.

⑥ Triandis H C, McCusker C, Betancourt H, et al. An etic-emic analysis of individualism and collectivism[J]. Journal of Cross-Cultural Psychology, 1993, 24(3): 366-383.

成个人目标，而组织需要员工的工作投入是一种稳定、持久、具有倾向性的积极工作状态[①]，因此长期的工作投入不是激情和短期的暂时性投入，而是需要群体性投入，以达到组织目标的实现。图 2-6 表示社会交换理论对集体主义与工作投入的解释。其说明员工的工作投入程度会随着集体主义程度的增强而提高，而个人主义程度越强的员工，工作投入可能会越低。会认为融入群体，在群体中参与组织。

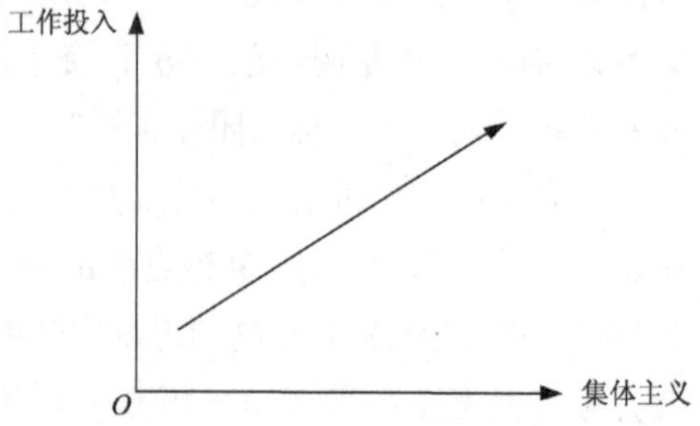

图 2-6 集体主义与工作投入的关系

不确定性规避是指一个社会所感受到的不确定性和模糊性的威胁程度，人们为了避免这些不确定的情景，将会采取技术、法律或宗教等方式。Hardisty 和 Pfeffer[②] 则指出，从概念上来看不确定性规避暗指对变化的回避，通常可以从对规则的诉求愿望、对具体指令的依赖、对计划的执行程度去考虑。一些文化中的雇员推崇明确，并非常乐意接到其主管的具体指令。这些雇员具有高度的不确定性规避，并偏好于回避工作中的模棱两可。

在不确定性规避程度高的文化中，人们更倾向于采取一些措施来防止不确定性[③]。在任何一个社会中，人们对于不确定的、含糊的、前途未卜的情境，都会感到一种威胁，从而总是试图加以防止[④]。因此在不确定性避免程度高的社会当中，人们普遍有一种高度的紧迫感和进取心，因而易形成一种努力工作的内心冲动[⑤]。

按照社会交换理论的观点，员工的不确定性规避程度越高，他们越希望为未来做准备，因为在工作之中，未来可能存在很多不确定性，比如以后可能会犯错

---

① Schaufeli W B, Salanova M, González-Romá V, et al. The measurement of engagement and burnout: A two sample confirmatory factor analytic approach[J]. Journal of Happiness Studies, 2002, 3(1): 71-92.

② Hardisty D J, Pfeffer J. Intertemporal uncertainty avoidance: When the future is uncertain, people prefer the present, and when the present is uncertain, people prefer the future[J]. Management Science, 2016, 63(2): 519-527.

③ Frijns B, Gilbert A. Lehnert T, et al. Uncertainty avoidance, risk tolerance and corporate takeover decisions[J]. Journal of Banking & Finance, 2013, 37(7): 2457-2471.

④ Reimann M, Luenemann U, Chase, R. Uncertainty avoidance as a moderator of the relationship between perceived service quality and customer satisfaction[J]. Journal of Service Research, 2011, 11(1): 63-73.

⑤ Bledow R, Schmitt A, Frese M, et al. The affective shift model of work engagement[J]. Journal of Applied Psychology, 2011, 96(6): 1246-1257.

误或被开除，而不确定性规避程度高的员工希望犯错误不要被惩罚，他们更希望规避未来工作中的风险和未知，因此他们可能将会努力地投入工作，以换取未来安全的工作保障，为未来做准备，这是一种员工与组织的交换过程。图2-7表示社会交换理论对不确定性规避与工作投入的解释。其说明了员工的不确定性规避程度越高，越希望防范未来工作中可能发生的风险和未知，越会为未来做准备，而更加努力的工作投入能够使他们获得的心理报酬（安全性需要）也越高，希望以此换取组织在未来为他们提供更安全的工作保障。

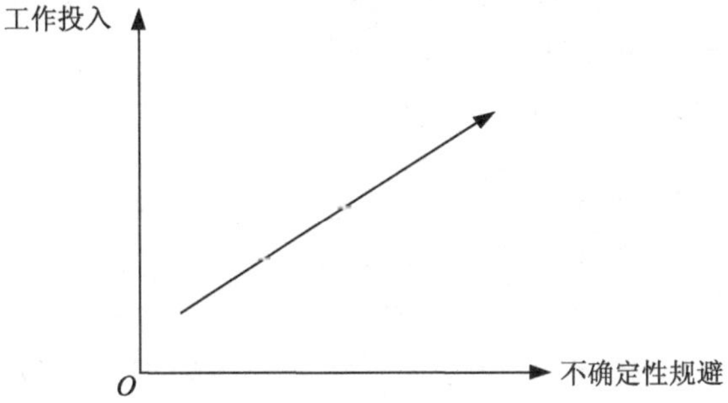

图2-7 不确定性规避与工作投入的关系

2.8 两种吸引力的影响

在员工用价值观去评估是否付出工作投入的过程之中，可能会受到主管和员工自身吸引力（attractiveness）的影响。魅力领导是领导者对下属的一种吸引力、感染力和影响力，因此属于一种主管对员工的吸引力。而自恋是一种个人特质，具有自恋特质的员工比较喜欢自己，对自己从事的工作有高度的评价，因此属于一种员工对自己的吸引力。

2.8.1 主管魅力领导的吸引力

魅力领导是一种影响力的模式，强调个人的魅力以激励部属，使部属更加努力工作。魅力型领导者可以通过自己影响力，去影响一个组织内员工的动机和表现①。高魅力型领导者能够通过自身的激励和榜样作用，给追随者较高的期望和

① Horn D, Mathis C J, Robinson S L, et al. Is charismatic leadership effective when workers are pressured to be good citizens? [J]. Journal of Psychology, 2015, 149(8): 751-774.

信心，将他们自己的目标或想法与员工的角色联系，让员工感受意义①。高魅力型领导强调意识形态的、集体的终极价值，以此鼓励追随者从关注个人所得转向关注为集体所做的贡献②，使具有集体主义价值观的员工更好地融入群体并产生信心和目标，促使员工在群体中获得自己的成就和他人的认同。

按照社会交换理论的观点，主管的魅力领导水平越高，员工在评价与组织的交换过程中，受到主管的吸引力就越大。领导者能够带给员工的激励和影响作用越大，越能够使具有集体主义价值观的员工融入群体，促进员工在群体中获得他人的认同，因此员工将可能会更加积极地投入工作，以获得组织或同事的尊重或认同。图 2-8 表示主管的吸引力由低到高，说明主管的魅力领导程度越高，员工越积极地在群体中投入工作，以获得组织或同事的认可。

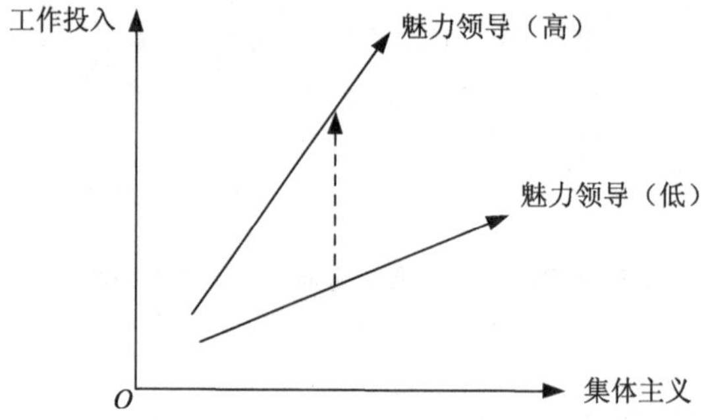

图 2-8　魅力领导对集体主义与工作投入之间关系的影响

高魅力型领导者可以通过将自身的影响和感染力贯彻到具体的组织执行力中，给追随者以信心并树立角色榜样，强化组织核心价值，进而激发追随者的持久动机和热情③。不确定规避程度较高的员工希望避免未来工作的风险和未知，偏好于回避工作中的模棱两可④，他们对领导者具体指令的依赖、对规则的要求愿望等，使他们依赖和信任一个魅力型领导，乐意接受领导者的具体指令。高魅力型领导可能会促使这些不确定性规避程度较高的员工的工作热情和工作

① Dvir T, Eden D, Avolio B J, et al. Impact of transformational leadership on follower development and performance: A field experiment[J]. Academy of Management Journal, 2002, 45(4): 735-744.

② Waldman D A, Javidan M. Alternative forms of charismatic leadership in the integration of mergers and acquisitions[J]. The Leadership Quarterly, 2009, 20(2): 130-142.

③ Horn D, Mathis C J, Robinson S L, et al. Is charismatic leadership effective when workers are pressured to be good citizens? [J]. Journal of Psychology, 2015, 149(8): 751-774.

④ Merkin, R. S. Uncertainty avoidance and facework: A test of the Hofstede model [J]. International Journal of Intercultural Relations, 2006, 30(2): 213-228.

投入。

按照社会交换理论的观点，主管的魅力领导水平越高，员工在评价与组织的交换过程中，受到主管的吸引力就越大。主管能够带给员工的激励和影响作用越大，而员工的不确定性规避程度越高，他们越希望为未来做准备，希望规避未来工作中的风险和未知，从而使得不确定性规避程度高的员工更加愿意接受领导者的指令和要求，努力投入工作，以获得组织对自身价值的认可，在未来提供更安全的工作保障。图 2-9 表示主管魅力领导程度的高低将可能会影响到员工的不确定性规避价值观与工作投入之间的关系，魅力领导程度越高的主管，对其下属的影响力和吸引力越大，将使得具有高不确定性规避价值观的员工希望更加积极地付出工作投入。

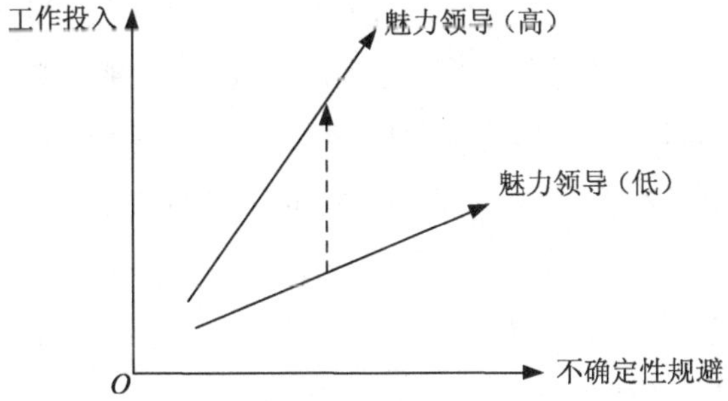

图 2-9　魅力领导对不确定性规避与工作投入之间关系的影响

2.8.2　员工自恋的吸引力

自恋作为一种个性特质(personality)，是人类与生俱来的本性，会影响人的态度和行为，其特征为过度膨胀与浮夸的自我概念，抱持着不切实际与过度自信的自我观点。为了维持膨胀的自我概念，自恋的人会不断地从环境中寻找外在的注意与增强，其焦点都集中在自我①。而自我效能感(self-efficacy)是指人们对自身能否利用所拥有的技能去完成某项工作行为的自信程度②，因此自恋是与生俱来的本性，自我效能感是可以通过后天培养的。

自恋与个体主义文化密切相关，并且自恋与亲密关系所需求的相关变

① Pincus A L, Lukowitsky M R. Pathological narcissism and narcissistic personality disorder[J]. Annual Review of Clinical Psychology, 2009, 6(1): 421-446.

② Bandura A. Self-efficacy: The exercise of control[J]. Journal of Cognitive Psychotherapy, 2005, 13(2): 28-41.

数如移情性、原谅、亲和性负相关，因为集体主义是一个激发共同学习、成长的指导关系，具备自恋型人格的个体似乎很难体验到集体主义的潜在优点①。自恋的人常有特权感，期望自己能够得到特殊的待遇，其友谊多是从利益出发的。他们的抑郁情绪、人际困难或不切实际的目标可能影响工作②。

按照社会交换理论的观点，自恋的人比较喜欢自己，对自己想要得到的东西评价比较高，因此他们在评价与组织的交换关系中，可能就不容易交换到有价值的东西。过度自恋的人过于注重自我，容易过度自信，通常会盲目地相信自己的能力，也盲目地相信别人对自己的赞美，与人交往能力较差。因此，高自恋特质的人来很难融入集体主义中③，而集体主义价值观的员工希望能够融入群体，在群体中获得自己成就和他人的认同，他们将可能会更加积极地投入工作以获得组织或同事的尊重或认同。员工的自恋程度越高，他们越注重自我，受到自我的吸引和影响越大，对自己想要去交换的东西评价就越高，就更加难以在群体中与他人交换到有价值的东西，因此可能将会负向影响员工集体主义与工作投入之间的关系。图 2-10 表示随着员工的自恋程度由低到高，说明员工越自恋，受到自我的吸引力越大，使具有集体主义价值观的员工越难以在群体中付出工作投入，以获得他人的尊重或认可。

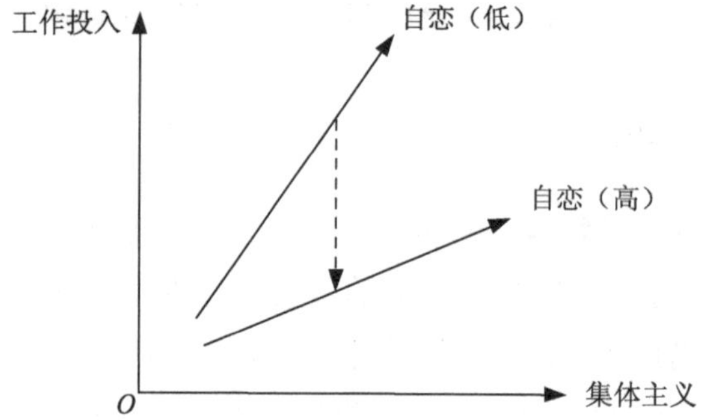

图 2-10　自恋对集体主义与工作投入之间关系的影响

---

① He X, Sebanz N, Sui J, et al. Individualism-collectivism and interpersonal memory guidance of attention[J]. Journal of Experimental Social Psychology, 2014,54(102): 102-114.

② Pincus A L, Lukowitsky M R. Pathological narcissism and narcissistic personality disorder[J]. Annual Review of Clinical Psychology, 2009, 6(1): 421-446.

③ He X, Sebanz N, Sui J, et al. Individualism-collectivism and interpersonal memory guidance of attention[J]. Journal of Experimental Social Psychology, 2014,54(102): 102-114.

过度自恋的人容易夸大积极的自我概念，以及维持这种积极自我概念所采用的自我调节策略①。员工的不确定性规避程度越高，他们越希望为未来做准备，希望规避未来工作中的风险和未知，往往更加努力地投入工作以换取未来安全的工作保障。而过度自恋的人通常夸大自我能力，自信心过度膨胀，会有一些不符合常规的想法和不切实际的幻想，这些想法和幻想都属于不确定因素，因此员工的自恋程度越高，受到自我的吸引就越大，不切实际的想法和幻想就越多，将可能会影响高不确定性规避价值观的员工积极地付出工作投入，以规避工作中的风险和未知，为未来做准备。图2-11说明员工自恋程度的高低将可能会影响到员工的不确定性规避价值观与工作投入之间的关系，自恋程度越高的员工，受到自我的吸引力越大，将使得具有高不确定性规避价值观的员工产生一些不切实际的想法，因此将可能会影响到高不确定性规避价值观的员工积极的付出工作投入。

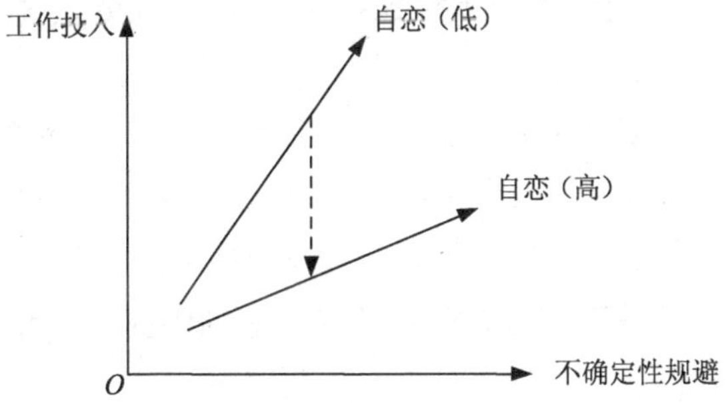

图2-11 自恋对不确定性规避与工作投入之间关系的影响

2.9 工作投入产生的个人行为结果

员工对于工作的投入及努力，是期望从工作中获得某些预期的回馈②。但是员工在工作投入之后，对于从组织那里得到的报酬的衡量是主观的，可能会觉得公平或不公平。因此员工在评估与组织的交换过程中，依据其付出的工作投入和得到的组织报酬，可能会产生不同的个人行为结果。报酬不仅指实质上的

① Campbell J P. The role of theory in industrial and organizational psychology[M]//Dunnette M D, Hough L M. Handbook of Industrial and Organizational Psychology. Palo Alto, California: Consulting Psychologists Press, 1990: 39-73.

② Kim H J, Shin K H, Swanger N. Burnout and engagement: A comparative analysis using the big five personality dimensions[J]. International Journal of Hospitality Management, 2009, 28(1): 96-104.

金钱报酬，也包括尊重、工作安全感等无形报酬①。

任务绩效是与工作产出直接相关的，能够直接对其工作结果进行评价的绩效指标②。一般来说，员工在评估付出的工作投入和得到的组织报酬之间的关系时，总是希望找到一个平衡。工作投入高的员工，他们希望得到的组织报酬也高，而工作投入低的员工，对得到报酬的要求也比较低。这时候，如果组织给予员工与付出相对等的报酬，员工将可能会对交换的结果感到满意，交换的结果将可能会产生任务绩效。

组织公民行为是一种员工对组织的正面行为，这种行为超越了职责的要求，它是自主裁量的，而且不在组织正式酬赏结构的范围之内。当员工从事此类行为时，并不一定在乎是否能获得组织的酬赏③。当员工认为付出的工作投入低，而得到的组织报酬高的时候，员工可能会觉得得到了较多组织给予的利益，从而对组织心存感激之情。此时，交换的结果不仅将产生任务绩效，同时可能还会产生组织公民行为。

工作倦怠是指长期对人际与工作压力所产生之心理疲惫的状态，其表现为因工作资源耗尽而导致之精力丧失，并产生身心疲倦及对工作漠不关心的冷漠状态④。当员工认为付出的工作投入高，而从组织那里得到的报酬低的时候，其就会认为付出的劳动是徒劳无功的，得不到应有的尊重。因此，交换的结果很有可能将会导致工作倦怠。

反生产行为是一个极端的情况，是一种与组织合法利益相违背的员工蓄意行为，是员工的自发行为，来自组织方面的不好或不公正对待是主要诱因⑤。当员工认为付出的工作投入高，而从组织那里得到的报酬低，并且认为付出的工作投入远远高于从组织那里得到的报酬，其可能会认为不公平的程度非常高，甚至产生负面情绪⑥。此时，交换的结果将可能会产生反生产行为。

---

① Befu H. Social exchange[J]. Annual Review of Anthropology, 1977, 6(1): 255-281.

② Motowidlo S J, Van Scotter J R. Evidence that task performance should be distinguished from contextual performance[J]. Journal of Applied Psychology, 1994, 79(4): 475-480.

③ Konovsky M A, Pugh S D. Citizenship behavior and social exchange[J]. Academy of Management Journal, 1994, 37(3): 656-669.

④ Demerouti E, Bakker A B, Schaufeli W B. Spillover and crossover of exhaustion and life satisfaction among dual-earner parents[J]. Journal of Vocational Behavior, 2005, 67(2): 266-289.

⑤ Gruys M L, Sackett P R. Investigating the dimensionality of counterproductive work behavior[J]. International Journal of Selection and Assessment, 2003, 11(1): 30-42.

⑥ Chou S Y, Pearson J M. Organizational citizenship behaviour in IT professionals: An expectancy theory approach[J]. Management Research Review, 2012, 35(12): 1170-1186.

工作投入代表了一种积极的有动机的状态，当员工工作投入时，就会表现出积极主动的正向情感，全身心地投入工作①。当员工积极地工作投入时，表明员工认为积极的工作投入将可能会得到更多的组织报酬，因此他们将会更加努力的工作投入，从而产生任务绩效和组织公民行为，同时降低工作倦怠和反生产行为的发生率。

员工认为付出的工作投入程度与其得到的组织报酬之间可以用交换关系结果矩阵来表示，如图2-12所示。图中A线表示员工认为付出的工作投入与得到的组织报酬之间是平等的关系，交换的结果将可能产生任务绩效。A线上方的区域表示员工认为付出的工作投入低，而从组织那里得到的报酬高，员工可能会认为得到了较多组织的报酬，交换的结果将不仅会产生任务绩效，并且还可能会产生组织公民行为。A线下方的区域表示员工认为付出的工作投入高，而从组织那里得到的报酬却比较低，可能将会导致员工的不满，交换的结果将可能是工作倦怠。而当员工认为付出的工作投入远远高于从组织那里得到的报酬的时候，比如B线下方区域，员工将可能会觉得非常不公平，交换的结果将可能是消极的反生产行为。

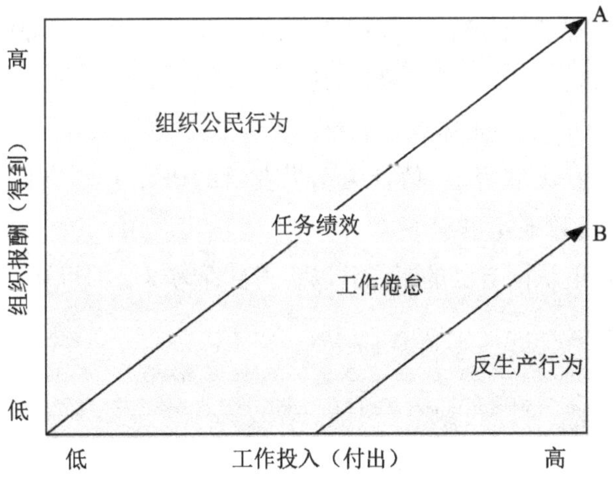

图2-12 交换关系结果矩阵

① Bakker A B, Schaufeli W B, Leiter M P, et al. Work engagement: An emerging concept in occupational health psychology[J]. Work & Stress, 2008, 22(3): 187-200.

2.10 组织公平的作用

组织公平(organizational justice)是员工对组织中的资源分配、奖惩措施、绩效评估、决策过程及与主管互动关系是否公平的主观评价与知觉①。Cropanzano，Goldman 和 Folger (2005)②指出，组织公平会引发个人的正向及负向情绪：当个人知觉到组织公平时，将会出现快乐及满足的反应；反之，则会出现敌对的反应。

组织公平有三个维度，分别是分配公平(distributive justice)、程序公平(procedural justice)与互动公平(interactive justice)。分配公平是指员工对组织报酬和奖赏的分配结果是否公平的感受。程序公平是员工对组织决策过程所使用之方法及机制是否公平的感受。互动公平是组织成员对决策过程中人际互动是否公平的认知，亦即在决策过程中，领导者能否以尊重、真诚、关怀的态度来对待员工③。

组织公平与个人绩效的关系主要体现于分配公平和程序公平对绩效的影响上④。按照亚当斯(John Stacey Adams)的公平理论(Equity Theory)，如果个人对自己的付出(cost)与回报(return)感到公平，他就会爱岗敬业，努力工作；否则就可能降低努力程度，消极怠工，最多达到工作要求。而实现程序公平，能保证员工的长期利益，会对绩效产生积极的影响。

现今，组织公平感与集体意识的研究比较多，这些研究主要体现在以组织承诺、组织成员行为、离职意愿、信任为结果变量的研究中⑤。研究发现，分配公平、程序公平能有效地预测组织承诺中的情感承诺(affective commitment)(即雇员在多大程度上认同自己的组织并以组织目标为自己的目标)。此外，程序公

---

① Aryee S, Budhwar P S, Chen Z X. Trust as a mediator of the relationship between organizational justice and work outcomes: Test of a social exchange model[J]. Journal of Organizational Behavior, 2002, 23(3): 267-285.

② Cropanzano R, Goldman B M, Folger R. Self-interest: Defining and understanding a human motive[J]. Journal of Organizational Behavior, 2005, 26(8): 985-991.

③ Aryee S, Budhwar P S, Chen Z X. Trust as a mediator of the relationship between organizational justice and work outcomes: Test of a social exchange model[J]. Journal of Organizational Behavior, 2002, 23(3): 267-285.

④ Greenberg J. Organizational justice: Yesterday, today, and tomorrow [J]. Journal of Management, 1990, 16(2): 399-432.

⑤ Colquitt J A, Conlon D E, Wesson M J, et al. Justice at the millennium: a meta-analytic review of 25 years of organizational justice research[J]. Journal of Applied Psychology, 2001, 86(3): 425-445.

平产生信任，这里的信任包括对决策制定者和上级的信任。由于这些人在分配报酬和资源方面拥有较大的权力，对他们的信任会使员工形成集体意识。许多研究还认为，程序公平和分配公平都会影响组织公民行为，而程序公平与组织公民行为之间的关系比分配公平与组织公民行为之间的关系更密切。

组织公平对员工的个人价值实现也有积极的影响。这类研究集中在以结果满意度（outcome satisfaction）和工作满意度（job satisfaction）的相关研究上。结果满意度主要包括对薪酬的满意度、晋升的满意度和对绩效评估的满意度等。工作满意度指员工对其工作的总体满意度。一般认为，分配公平与结果满意度的关系最为紧密，而程序公平对工作满意度的作用高于分配公平和互动公平。

综上所述，组织公平与员工的绩效、员工的集体意识和员工的满意度、自我实现都有着密切的联系。组织公平对员工行为有积极的影响，其对员工行为的影响可分成三个方面：

(1) 绩效效能。主要包括个人、工作团体、部门或组织生产结果的品质与数量方面的能力，如个人绩效、组织绩效等。

(2) 集体意识。主要包括为了维持组织的可持续发展和竞争力，个人对组织、部门、群体的状况，如员工的组织承诺、离职意愿、组织公民行为、与上级和同事的信任关系等。

(3) 个人价值。主要包括个人受尊重的程度、满意度、自我实现程度等。组织公平感与员工的许多积极的有利于组织目标实现的行为都有关系。

按照社会交换理论的观点，员工付出工作投入之后，将评估付出的工作投入与获得组织报酬之间的关系。如果组织的公平程度越高，员工就会认为受到了组织公正的对待，因此在评估付出工作投入与获得组织报酬的关系时，其可能会觉得相较于付出的工作投入，得到的组织报酬更多，得到了组织更多的照顾和利益，进而将可能更加积极地付出工作投入，以提高其任务绩效和组织公民行为，降低工作倦怠和反生产行为（如图2-13所示）。

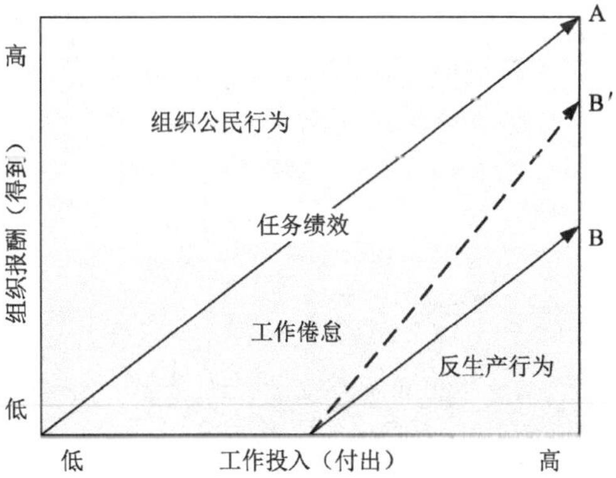

图2-13　组织公平的作用

注：B线到B′线表示组织公平程度由低到高

第3章 研究框架与假设

本章节主要根据前述之文献回顾与社会交换理论的观点，构建理论研究框架，并依据社会交换理论的观点，提出相应的研究假设。

3.1 研究框架

基于上述理论研究基础和文献回顾，本研究构建下列研究框架，如图3-1所示。按照社会交换理论的观点，员工在确定是否会工作投入前，首先用价值观去评估投入的结果能否得到组织的报酬，如果员工认为付出的工作投入能够得到相对等的组织报酬，则其愿意积极地投入工作。员工在评估是否进行工作投入的过程中，可能会受到主管和自身吸引力的影响，因此选取魅力领导与自恋作为影响员工用价值观评估是否工作投入的调节变量。

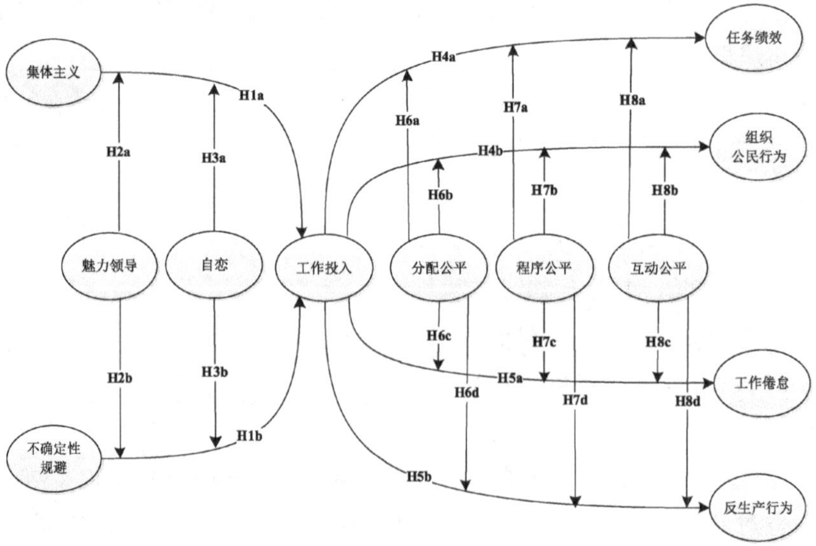

图3-1 理论研究框架

但是员工在工作投入之后，对于从组织那里得到的报酬的衡量是主观的，可能会觉得公平或不公平。因此员工在评估与组织的交换过程中，依据其付出的工作投入和得到的组织报酬之间的交换关系，可能会产生不同的个人行为结果，依次为任务绩效、组织公民行为、工作倦怠与反生产行为。如果组织的公平程度越高的话，员工在评估付出工作投入与得到组织报酬之间的交换关系时，可能会觉得更加公平，因此本研究选取组织公平作为影响员工工作投入与个人行为结果之间的调节变量。其分为三个维度，分别是分配公平、程序公平与互动公平。

3.2 研究假设

3.2.1 工作投入的前因变量

集体主义价值观的员工更倾向于团队合作，因此能够促进员工进行广泛的信息交换，这有助于员工更好地适应环境，并提高工作投入和绩效①。集体主义的价值观能够提高员工的工作投入水平，集体主义强调团队合作、人际和谐，强调自我融入集体中，这种积极的融入能够提高员工的工作投入②。另外员工的集体主义价值观提升他们的团队合作意识，从而提升工作投入水平③。

在集体主义条件下，人们更在意自己如何被他人评价。拥有集体主义价值观的成员希望能从群体中得到照顾和保护，希望以集体而不是个人参与组织的工作，希望能够融入群体，在群体中获得自己成就和他人的认同，因此他们可能产生工作的动力，从而增加工作投入。Oyserman 和 Lee④ 的观点也认为，集体主义会影响个体感知他人与自己相似的程度，并促使个体进行自我评估，如果自我达不到参照对象的程度，就会促进个体的工作投入以达到参照对象的目标。

按照社会交换理论的观点，员工的集体主义程度越高，越可能重视在群体中

① Miller J G. Bring culture to basic psychological theory — beyond individualism and collectivism: Comment on Oyserman et al[J]. Psychological Bulletin, 2002, 128(1): 97-109.

② Triandis H C, McCusker C, Betancourt H, et al. An etic-emic analysis of individualism and collectivism[J]. Journal of Cross-Cultural Psychology, 1993, 24(3): 366-383.

③ Maslach C, Leiter M P. Early predictors of job burnout and engagement[J]. Journal of Applied Psychology, 2008, 93(3): 498-512.

④ Oyserman D, Lee S W. Does culture influence what and how we think? Effects of priming individualism and collectivism[J]. Psychological Bulletin, 2008, 134(2): 311-342.

获得他人的认同。他们认为在群体中工作更有价值，会认为融入群体、在群体中参与组织的工作能够使他们获得的心理报酬（组织的认可或尊重）更高，因此员工将可能会更加努力地投入工作，这是一种员工与组织的交换过程。而个人主义价值观重视个人独特的能力与属性，重视自己与他人间的区别性，关心自己、个人目标优于团体目标，与团体成员间为独立的关系，个人主义取向者重视自我利益与个人目标①，因此个人主义者不喜欢在群体中工作投入，希望通过个人的努力去完成工作任务。依靠个体的努力可能只能在短期内付出工作投入以完成个人目标，而组织需要员工的工作投入是一种稳定、持久、具有倾向性的积极工作状态②，因此集体主义价值观的员工可能就会付出长期的工作投入，故本研究提出下列假设：

假设 H1a：集体主义价值观会正向影响工作投入

不确定性规避是一个非常重要的文化变量，根据 Hofstede③ 的定义，不确定性规避是指一个社会所感受到的不确定性和模糊性的威胁程度，人们为了避免这些不确定的情境，将会采取一些技术、法律或宗教等方式。从概念上来看不确定性规避暗指对变化的回避④。

不确定性规避倾向影响一个组织使其活动结构化需要的程度，也就是影响一个组织对风险的态度。在一个高不确定性规避的组织中，组织趋向建立更多的工作条例、流程或规范以应付不确定性，管理也相对是以工作和任务指向为主，管理者决策多为程序化决策⑤。在一个弱不确定性规避的组织中，组织很少强调控制，其工作条例和流程规范化和标准化程度较低。在任何一个社会中，人们对于不确定的、含糊的、前途未卜的情境，都会感到一种威胁，从而总是试图加以防止。防止的方法很多，例如提供更大的职业稳定性、订立更多的正规条令、

---

① Hofstede G. Comparing behaviors across nations — some suggestions to Levine and Norenzayan [J]. Cross-Cultural Psychology Bulletin, 2001, 35(3): 27-29.

② Schaufeli W B, Salanova M, González-Romá V, et al. The measurement of engagement and burnout: A two sample confirmatory factor analytic approach[J]. Journal of Happiness Studies, 2002, 3(1): 71-92.

③ Hofstede G. Comparing behaviors across nations — some suggestions to Levine and Norenzayan [J]. Cross-Cultural Psychology Bulletin, 2001, 35(3): 27-29.

④ Hardisty D J, Pfeffer J. Intertemporal uncertainty avoidance: When the future is uncertain, people prefer the present, and when the present is uncertain, people prefer the future[J]. Management Science, 2016, 63(2): 519-527.

⑤ Kai H L, Leung K, Sia C L, et al. Is ecommerce boundary-less? Effects of individualism — collectivism and uncertainty avoidance on Internet shopping. Journal of international business studies[J]. Journal of International Business Studies, 2004, 35(6): 545-559.

不允许出现越轨的思想和行为、追求绝对真实的东西、努力获得专门的知识①。在不确定性避免程度高的社会当中，人们普遍有一种高度的紧迫感和进取心，因而易形成一种努力工作的内心冲动②。

按照社会交换理论的观点，员工的不确定性规避程度越高，他们越希望为未来做准备，因为在工作之中，未来可能存在很多不确定性，比如以后可能会犯错误或被开除，而不确定性规避程度高的员工希望犯错误不要被惩罚，他们更希望规避未来工作中的风险和未知，因此他们可能将会努力地投入工作，以换取未来安全的工作保障，为未来做准备，这是一种员工与组织的交换过程。这一推论与Ang，Van Dyne 及 Begley 的观点相一致，即在不确定性避免程度高的社会当中，人们则普遍有一种高度的紧迫感和进取心，因而易形成一种努力工作的内心冲动。基于这一推导，本研究提出下列假设：

假设 H1b：不确定性规避价值观会正向影响工作投入

3.2.2 魅力领导的调节作用

魅力型领导的追随者往往对与他们角色相关联的意义性有深刻的感受。有魅力的领导呼吁通过激励员工，将他们的目标或想法与员工的角色联系，让他们感受意义，增加组织的认同感③。Kark，Shamir 和 Chen④ 研究领导对追随者的动机和表现的影响。他们发现，领导者影响其追随者的组织认同，相应地影响追随者对授权的感受。当员工被授权时，他们相信他们可以影响工作成果⑤。Horn，Mathis 和 Robinson 等⑥研究了工作投入和魅力领导之间的关系。研究

① Reimann M，Lueneman U，Chase R. Uncertainty avoidance as a moderator of the relationship between perceived service quality and customer satisfaction[J]. Journal of Service Research，2011，11(1)：63-73.

② Ang S，Van Dyne L，Begley T M. The employment relationships of foreign workers versus local employees：A field study of organizational justice，job satisfaction，performance，and OCB[J]. Journal of Organizational Behavior，2003，24(5)：561-583.

③ Dvir T，Eden D，Avolio B J，et al. Impact of transformational leadership on follower development and performance：A field experiment[J]. Academy of Management Journal，2002，45(4)：735-744.

④ Kark R，Shamir B，Chen G. The two faces of transformational leadership：Empowerment and dependency[J]. Journal of Applied Psychology，2003，88(2)：246-255.

⑤ Levay C. Charismatic leadership in resistance to change[J]. The Leadership Quarterly，2010，21(1)：127-143.

⑥ Horn D，Mathis C J，Robinson S L，et al. Is charismatic leadership effective when workers are pressured to be good citizens? [J]. Journal of Psychology，2015，149(8)：751-768.

结果表明，有魅力的领导者呼吁追随者对意义和授权的感受，魅力型领导者的影响力与员工高水平的工作投入相关。

依据上述文献分析，本研究认为，魅力领导是一种影响力的模式，强调个人的魅力以激励部属，使部属更加努力工作。魅力型领导者可以通过自己的影响力去影响一个组织内员工的动机和表现。高魅力型领导者能够通过自身的激励和榜样作用，给追随者较高的期望和信心，将他们的目标或想法与员工的角色联系，让他们感受意义①。他们强调意识形态的、集体的终极价值，以此鼓励追随者从关注个人所得转向关注为集体所做的贡献②，使具有集体主义价值观的员工更好地融入群体，产生信心和目标，促进员工在群体中获得自己的成就和他人的认可或尊重，从而可能对工作投入起到正向调节作用。基于以上的分析，本研究提出以下假设：

假设 H2a：魅力领导对集体主义价值观与工作投入之关系起到正向调节作用

在不确定性规避高的文化中，人们更倾向于采取一些措施来防止不确定性：如制定非常详细的规章制度；寻找稳定的工作，防止由于更换工作带来的陌生环境、陌生人；对不符合常规的想法和行为表示怀疑和拒绝等，魅力型领导者通常能够制定出企业大多数人认同的共同价值观和行为模式，用一个模式要求团队，长期的执行，就形成了企业的文化，企业的文化是领导的实力与魅力的结合，因此共同的价值观和行为模式有助于企业员工的工作投入和工作热情③。

不确定性规避程度低的社会，人们较容易接受生活中固有的不确定性，能够接受更多的意见，上级对下属的授权被执行得更为彻底，员工倾向于自主管理和独立的工作。而在不确定性规避程度高的社会，上级倾向于对下属进行严格的控制和清晰的指示。通常可以从对规则的要求愿望、对具体指令的依赖、对计划的执行程度去考虑。一些文化中的雇员推崇明确，并非常乐意接到其主管的具体指令。这些雇员具有高度的不确定性规避价值观，并偏好于回避工作中的模棱两可④。因此魅力型领导可以将自身的影响贯彻到具体的执行力中去，影响

---

① Dvir T, Eden D, Avolio B J, et al. Impact of transformational leadership on follower development and performance: A field experiment[J]. Academy of Management Journal, 2002, 45(4): 735-744.

② Waldman D A, Javidan M. Alternative forms of charismatic leadership in the integration of mergers and acquisitions[J]. The Leadership Quarterly, 2009, 20(2): 130-142.

③ Jung J M, Kellaris J J. Cross-national differences in proneness to scarcity effects: The moderating roles of familiarity, uncertainty avoidance, and need for cognitive closure[J]. Psychology & Marketing, 2004, 21(9): 739-753.

④ Merkin R S. Uncertainty avoidance and facework: A test of the Hofstede model [J]. International Journal of Intercultural Relations, 2006, 30(2): 213-228.

这些具有高度不确定性规避价值观的员工，从而影响他们的工作行为。

依据上述文献分析，本研究认为，魅力型领导者可以通过自己的影响力去影响一个组织内员工的动机和表现。高魅力型领导者可以通过将自身的影响和感染力贯彻到具体的组织执行力中给追随者以信心，并通过树立角色榜样强化组织核心价值，进而激发追随者的持久动机和热情。而不确定性规避程度较高的员工希望避免未来工作的风险和未知，偏好于回避工作中的模棱两可，他们对领导者具体指令的依赖、对规则的要求愿望等，使他们依赖和信任一个魅力型领导，乐意接受领导者的具体指令，并可能因此增加工作热情和工作投入。

按照社会交换理论的观点，领导者的魅力领导水平越高，能够带给员工的激励和影响作用越大，而员工的不确定性规避程度越高，他们越希望为未来做准备，希望规避未来工作中的风险和未知，因而不确定性规避程度高的员工更加愿意接受领导者的指令和要求，努力投入工作，以获得组织对自身价值的认可，在未来提供更安全的工作保障。根据这一推理，本研究提出以下假设：

假设 H2b：魅力领导对不确定性规避价值观与工作投入之关系起到正向调节作用

3.2.3 自恋的调节作用

自恋与个体主义文化密切相关，并且自恋与亲密关系所需求的相关变数如移情性、原谅、亲和性负相关，因为集体主义是一个激发共同学习、成长的指导关系，所以具备自恋型人格的个体似乎很难体验集体主义的潜在优点①。自恋的人常有特权感，期望自己能够得到特殊的待遇，其友谊多是从利益出发的。他们的抑郁情绪、人际困难或不切实际的目标可能影响工作②。

Rhodewalt 和 Eddings③ 将自恋看作是一种认知、情感和行为的综合体，共同传递着夸张、重要和独特的积极自我概念。也有研究者提出自恋包含三个部分：一是夸大积极的自我概念；二是维持这种积极自我概念所采用的自我调节

① He X, Sebanz N, Sui J, et al. Individualism-collectivism and interpersonal memory guidance of attention[J]. Journal of Experimental Social Psychology, 2014,54(102): 102-114.

② Pincus A L, Lukowitsky M R. Pathological narcissism and narcissistic personality disorder[J]. Annual Review of Clinical Psychology, 2009, 6(1): 421-446.

③ Rhodewalt F, Eddings S K. Narcissus reflects: Memory distortion in response to ego-relevant feedback among high-and low-narcissistic men[J]. Journal of Research in Personality, 2002, 36(2): 97-116.

策略（self-regulation strategy）；三是低移情、低亲密度的人际关系①。自恋的特征为过度幻想自己是一个重要人物，过度提升自我价值及优越感，过度膨胀，追求权力，缺乏同理心且需要比常人更多的称赞。

按照社会交换理论的观点，自恋的人比较喜欢自己，过于注重自我，容易过度自信，通常会盲目地相信自己的能力，也盲目地相信别人对自己的赞美，与人交往能力较差，因此高自恋特质的人很难融入集体中。而集体主义价值观的员工希望能够融入群体，在群体中获得自己成就和他人的认同，他们将可能会更加积极地投入工作以获得组织或同事的尊重或认同。因此员工的自恋程度越高，越注重自我，对自己想要得到的东西评价越高，就越难融入群体中，并且在群体中得到组织或同事的认同，故而将可能负向影响集体主义与工作投入的关系。基于这一推理，本研究提出以下假设：

假设 H3a：自恋对集体主义价值观与工作投入之关系起到负向的调节作用

在不确定性规避高的文化中，人们更倾向于采取一些措施来防止不确定性，如：制定非常详细的规章制度；寻找稳定的工作，防止由于更换工作带来的陌生环境、陌生人；对不符合常规的想法和行为表示怀疑和拒绝，因为不知道它们会带来怎样不确定的结果②。

过度自恋的人容易夸大积极的自我概念，以及维持这种积极自我概念所采用的自我调节策略③。许多自恋者有明显的个人主义和利己主义趋向。他们通常是自我夸大、自我赞美、自我表现，常幻想自己能力超群，有不劳而获思想等。在人际交往中，他们常表现出损人利己，以自我为中心，处事极端化。因此在不确定性规避程度高的环境中，自恋者一般很难融入④。

按照社会交换理论的观点，员工的不确定性规避程度越高，他们越希望为未来做准备，希望规避未来工作中的风险和未知，更加努力地投入工作以换取未来安全的工作保障。而过度自恋的人通常夸大自我能力，自信心过度膨胀，会有一

---

① Campbell W K, Hoffman B J, Campbell S M, et al. Narcissism in organizational contexts[J]. Human Resource Management Review, 2011, 21(4): 268-284.

② Eaton J, Struthers C W, Santelli A G. Dispositional and state forgiveness: The role of self-esteem, need for structure, and narcissism[J]. Personality and Individual Differences, 2006, 41(2): 371-380.

③ Campbell W K, Hoffman B J, Campbell S M, et al. Narcissism in organizational contexts[J]. Human Resource Management Review, 2011, 21(4): 268-284.

④ Buffardi L E, Campbell W K. Narcissism and social networking web sites[J]. Personality and Social Psychology Bulletin, 2008, 34(10): 1303-1314.

些不符合常规的想法和不切实际的幻想,这些想法和幻想都属于不确定因素,因此员工的自恋程度越高,将可能负向影响不确定性规避与工作投入的关系。基于这一推理,本研究提出以下假设:

假设H3b:自恋对不确定性规避价值观与工作投入之关系起到负向的调节作用

3.2.4 工作投入的结果变量

员工对于工作的投入及努力,是期望从工作中获得某些预期的回馈①。但是员工在工作投入之后,对于从组织那里得到的报酬的衡量是主观的,可能会觉得公平或不公平。因此员工在评估与组织的交换过程中,依据其付出的工作投入和得到的组织报酬,可能会产生不同的个人行为结果。报酬不仅指实质上的金钱报酬,也包括尊重、工作安全感等无形报酬。一般来说,员工在评估付出的工作投入和得到的组织报酬时,总是希望找到一个平衡。工作投入高的员工,他们希望得到的组织报酬也高,而工作投入低的员工,对得到报酬的要求也比较低,这时候如果组织给予员工与之付出相对等的报酬,员工将可能会对交换的结果感到满意,交换的结果将可能会产生任务绩效。

组织公民行为是一种员工对组织的正面行为,这种行为超越了职责的要求,它是自主裁量的,并不在组织正式酬赏结构的范围之内。当员工从事此类行为时,并不一定在乎是否能获得组织的酬赏②。当员工认为付出的工作投入低,而得到的组织报酬高的时候,员工可能会觉得得到了较多组织给予的利益,从而对组织心存感激之情,交换的结果不仅将产生任务绩效,同时可能还会产生组织公民行为。

工作投入代表了一种积极的有动机的状态,当员工工作投入时,就会表现出积极主动的正向情感,全身心地投入工作③。当员工积极地投入工作时,表明员工认为积极地投入工作将可能会得到更多的组织报酬,因此他们将会更加努力地投入工作,从而产生任务绩效和组织公民行为。基于此,本研究提出下列假设:

---

① Kim T Y, Liu Z Q, Diefendorff J M. Leader-member exchange and job performance: The effects of taking charge and organizational tenure[J]. Journal of Organizational Behavior, 2015, 36(2): 216-231.

② Konovsky M A, Pugh S D. Citizenship behavior and social exchange[J]. Academy of Management Journal, 1994, 37(3): 656-669.

③ Bakker A B, Schaufeli W B, Leiter M P, et al. Work engagement: An emerging concept in occupational health psychology[J]. Work & Stress, 2008, 22(3): 187-200.

假设 H4a：工作投入会正向影响任务绩效

假设 H4b：工作投入会正向影响组织公民行为

工作倦怠是指长期对人际与工作压力所产生之心理疲惫状态。其表现为因工作资源耗尽而导致之精力丧失，并产生身心疲倦及对工作漠不关心的冷漠状态①。当员工认为付出的工作投入高，而从组织那里得到的报酬低的时候，员工就会认为付出的劳动是徒劳无功的，得不到应有的尊重。此时，交换的结果很有可能将会导致工作倦怠。

反生产行为是一个极端的情况，是一种与组织合法利益相违背的员工蓄意行为，是员工的自发行为，来自组织方面的不好或不公正对待是主要诱因②。当员工认为付出的工作投入高，而从组织那里得到的报酬低，并且认为付出的工作投入远远高于从组织那里得到的报酬，员工可能会认为不公平的程度非常高，甚至产生负面情绪③。因此，交换的结果将可能会产生反生产行为。

工作投入代表了一种积极的有动机的状态，当员工工作投入时，就会表现出积极主动的正向情感，全身心地投入工作④，因此当员工积极的工作投入时，表明员工认为积极的工作投入将可能会得到更多的组织报酬，因此工作倦怠和反生产行为将可能会下降。据此，故本研究提出下列假设：

假设 H5a：工作投入会负向影响工作倦怠

假设 H5b：工作投入会负向影响反生产行为

3.2.5 组织公平的调节作用

组织公平是员工对组织中的资源分配、奖惩措施、绩效评估、决策过程及与主管互动关系是否公平的主观评价与知觉⑤。组织公平有三个维度，分别是分配公平（distributive justice）、程序公平（procedural justice）与互动公平

① Demerouti E, Bakker A B, Schaufeli W B. Spillover and crossover of exhaustion and life satisfaction among dual-earner parents[J]. Journal of Vocational Behavior, 2005, 67(2): 266-289.

② Gruys M L, Sackett P R. Investigating the dimensionality of counterproductive work behavior [J]. International Journal of Selection and Assessment, 2003, 11(1): 30-42.

③ Chou S Y, Pearson J M. Organizational citizenship behaviour in IT professionals: An expectancy theory approach[J]. Management Research Review, 2012, 35(12): 1170-1186.

④ Bakker A B, Schaufeli W B, Leiter M P, et al. Work engagement: An emerging concept in occupational health psychology[J]. Work & Stress, 2008, 22(3): 187-200.

⑤ Aryee S, Budhwar P S, Chen Z X. Trust as a mediator of the relationship between organizational justice and work outcomes: Test of a social exchange model[J]. Journal of Organizational Behavior, 2002, 23(3): 267-285.

(interactive justice)。

分配公平是指员工对组织报酬和奖赏的分配结果是否公平的感受。按照亚当斯的公平理论,如果个人对自己的付出(cost)与回报(return)感到公平,他就会爱岗敬业,努力工作;否则就可能降低努力程度,消极怠工,最多达到工作要求①。按照社会交换理论的观点,员工付出工作投入之后,将评估付出的工作投入与获得组织报酬之间的关系。如果员工对组织报酬和奖赏的分配结果的感受公平的话,员工会认为受到了组织公正的对待,因此在评估付出工作投入与获得组织报酬的关系时,可能会觉得相较于付出的工作投入得到的组织报酬更多,因此员工将可能更加积极地付出工作投入,从而产生正面的个人行为结果——任务绩效和组织公民行为。据此,本研究提出下列假设:

假设H6a:分配公平对工作投入与任务绩效之关系起到正向的调节作用

假设H6b:分配公平对工作投入与组织公民行为之关系起到正向调节作用

分配公平代表组织成员对决策制定结果是否公平的知觉程度。当组织成员知觉不公平时,会开始通过改变自身的投入,及通过行为应对采取各种方式来改善或对抗组织分配不公平的现象。如果员工对组织报酬和奖赏的分配结果的感受公平的话,员工会认为受到了组织公正的对待,因此在评估付出工作投入与获得组织报酬的关系时,可能会觉得相较于付出的工作投入,得到的组织报酬更多,因此员工将可能更加积极地付出工作投入,从而降低负面的个人行为结果——工作倦怠和反生产行为。据此,本研究提出下列假设:

假设H6c:分配公平对工作投入与工作倦怠之关系起到负向调节作用

假设H6d:分配公平对工作投入与反生产行为之关系起到负向调节作用

程序公平是员工对组织决策过程所使用之方法及机制是否符合公平的感受。实现程序公平,能保证员工的长期利益,对绩效产生积极的影响②。按照社会交换理论的观点,员工付出工作投入之后,将评估付出的工作投入与获得组织报酬之间的关系,如果员工对组织决策过程所使用之方法及机制的感受公平的话,员工会认为受到了组织公正的对待,因此在评估付出工作投入与获得组织报酬的关系时,可能会觉得相较于付出的工作投入,得到的组织报酬更多,因此员工将可能更加积极地付出工作投入,从而产生正面的个人行为结果——任务绩

① Greenberg J. Organizational justice: Yesterday, today, and tomorrow [J]. Journal of Management, 1990, 16(2): 399-432.

② Greenberg J. Organizational justice: Yesterday, today, and tomorrow [J]. Journal of Management, 1990, 16(2): 399-432.

效和组织公民行为。据此，本研究提出下列假设：

假设 H7a：程序公平对工作投入与任务绩效之关系起到正向的调节作用

假设 H7b：程序公平对工作投入与组织公民行为之关系起到正向调节作用

在组织争议处理过程中发现，只要做出决策的程序是公平的，就算个人受到不利结果，也会对结果产生比较肯定的评价。如果员工对组织决策过程所使用之方法及机制的感受公平的话，员工会认为受到了组织公正的对待，因此在评估付出工作投入与获得组织报酬的关系时，可能会觉得相较于付出的工作投入，得到的组织报酬更多，因此员工将可能更加积极地付出工作投入，从而降低负面的个人行为结果——工作倦怠和反生产行为。据此，本研究提出下列假设：

假设 H7c：程序公平对工作投入与工作倦怠之关系起到负向调节作用

假设 H7d：程序公平对工作投入与反生产行为之关系起到负向调节作用

互动公平是组织成员对决策过程中人际互动是否符合公平的认知，亦即在决策过程中，领导者能否以尊重、真诚、关怀的态度来对待员工。员工知觉组织在做决策时是否经过充分沟通，参考员工意见，强调决策程序进行时的人际互动与沟通。不论分配结果是否公平，员工最早获得了这些信息，而且还会对这些信息产生反应，信息提供者需要对员工的反应做出回应。互动公平分成两种：一种是“人际公平(interpersonal justice)”，主要指在执行程序或决定结果时，权威或上级对待下属是否有礼貌、是否考虑到对方的尊严、是否尊重对方等；另一种是“信息公平(informational justice)”，主要指是否给当事人传达了应有的信息，即要给当事人提供一些解释，如为什么要用某种形式的程序或为什么要用特定的方式分配结果。按照社会交换理论的观点，员工付出工作投入之后，将评估付出的工作投入与获得组织报酬之间的关系，如果员工对决策过程中人际互动的感受公平的话，员工会认为受到了组织公正的对待，因此在评估付出工作投入与获得组织报酬的关系时，可能会觉得相较于付出的工作投入，得到的组织报酬更多，因此员工将可能更加积极地付出工作投入，从而产生正面的个人行为结果：任务绩效和组织公民行为。据此本研究提出下列假设：

假设 H8a：互动公平对工作投入与任务绩效之关系起到正向的调节效应

假设 H8b：互动公平对工作投入与组织公民行为之关系起到正向调节效应

如果员工对决策过程中人际互动的感受公平的话，员工会认为受到了组织公正的对待，因此在评估付出工作投入与获得组织报酬的关系时，可能会觉得相较于付出的工作投入，得到的组织报酬更多，因此员工将可能更加积极的付出工作投入，从而降低负面的个人行为结果：工作倦怠和反生产行为。据此本研究提出下列假设：

假设 H8c：互动公平对工作投入与工作倦怠之关系起到负向调节效应

假设 H8d：互动公平对工作投入与反生产行为之关系起到负向调节效应

第4章 研究方法

本章节首先介绍本研究的研究对象，即电脑销售人员，并将研究对象的工作特征与本研究所要探讨的研究现象相结合，阐述选择研究对象的依据；其次采用配对问卷的发放方式进行调查研究，并对抽样方法与数据来源进行了介绍；最后介绍了本研究的测量量表及资料分析方法。

4.1 研究设计

本研究主要采用问卷调查的定量研究（quantitative research）方法，定量调查的结果依赖于统计，希望通过对相对较多的个体测量来推测由个体构成的总体的情况。定量研究通过对研究对象的某项特征按某种标准作量的比较来测定对象特征数值，或求出某些因素间的量的变化规律。调查问卷是定量调查的工具，本研究中问卷的量表是采用现成的成熟量表，测量题项采用李克特五点尺度（Likert scale）来衡量。

本研究以电脑销售人员为研究对象，针对电脑销售人员发放调查问卷，收集问卷的数据进行统计分析，找出变化的规律。研究通过对选取的特定样本（sample）进行分析，推测出总体的情况，考察电脑销售人员的价值观、工作投入、工作绩效等基本状况。

因为从事销售工作的员工都有一定的业务绩效指标，如果达不到要求，便会被公司扣发工资或奖金，因此需要这些销售员工进行工作投入。另外本研究主要是研究员工的工作绩效，而员工很难去评价自己的工作绩效，因此须通过上级主管对员工的绩效进行评价才可能会得到比较客观的结果。因为主管在组织的结构系统里面对员工的工作绩效具有评估的权力，因此衡量员工的工作绩效（任务绩效、组织公民行为、反生产行为）的时候，以主管的评价较为符合实务的现象。评价员工的工作投入也采用主管评价方式，原因在于，若采用员工自评其工作投入，很可能得到结果都是属于正面的评价；而采用主管评价可以得到更加客观公正的结果。

集体主义、不确定性规避、自恋、工作倦怠和组织公平采用的是员工自评的方式，因为员工的价值观、对工作的感受程度只有员工自己最清楚，因此采用员工自评的方式。魅力领导属于主管对员工的感染力和吸引力，这种吸引力是否有积极的效果只有员工自己最清楚，因此也采用员工自评的形式。具体的变量评价层次见表4-1。

表4-1 变量评价来源

评价方式	变量	理由
员工自评	集体主义 不确定性规避 自恋 工作倦怠 组织公平	员工的价值观，以及对工作的感受程度只有员工自己最清楚
员工自评	魅力领导	主管对员工是否具有吸引力只有员工自己最清楚
主管评价	任务绩效 组织公民行为 反生产行为	主管在组织的结构系统里面对员工的工作绩效具有评估的权力
主管评价	工作投入	若采用员工自评其工作投入，很可能得到的结果都是属于正面的评价；而采用主管评价可以得到更加客观公正的结果

在编制问卷时可以采用配对问卷(dyad questionnaires)，即调查问卷采用员工和主管相结合的方式进行，如采用1位主管对应3～6位员工为一个基本单位。利用这种方式得出的研究结论比较可靠，能够有效避免研究中的共同来源偏差问题(common method variance)，使预测变量(predictive variable)与效标变量(criterion variable)来自不同的评价来源。本研究针对150个部门共计发放调查问卷783份(包含员工问卷633份和主管问卷150份)。研究设计的总体思路见表4-2。

表 4-2 研究设计

评价方法	研究样本	研究对象	研究领域	样本所属部门	问卷形式
主管评价	销售主管(150份问卷)	销售人员	电脑销售公司	150 组研究单位	配对问卷(1 位主管对应 3～6 位员工为一个基本单位)
员工自评	销售员工(633份问卷)				

4.2 研究样本

4.2.1 样本来源和数量

本研究的样本选取电脑销售人员(computer salesman)，主要针对中国南京地区从事电脑销售行业的一般销售员工和销售主管进行调查研究。首先对销售人员的范围做出界定。销售(selling)最初是指人员或非人员的协助、说服消费者购买商品或服务的过程，且购买行为会使销售者获取利益。因此本研究选取的电脑销售人员为"直接接触消费者，且承担说服消费者购买电脑产品或服务的员工"。

本研究通过实地走访中国南京市最大的 3 家电子商城：百脑汇电脑城、华海 3C 数码广场、雄狮电子商城。研究母体(population)为 3 家电子商城中销售电脑及电脑零配件的小型电脑公司，共有 276 家。选择该 276 家电脑公司作为研究母体的原因是这 276 家公司均是从事电脑销售的小公司，各家不同的小公司中的销售人员的价值观趋向于多样化，若选择一所大型企业的员工进行研究，其员工的价值观可能高度一致，因为在大企业中可能存在高度统一的企业文化和价值观。

研究样本数的决定，参考的分析方法为结构方程模型(structural equation modeling, SEM)，Breckler① 根据过去文献提出样本个数少于100～150 个为不稳定模型，而多数文献采用 250～500 个样本。因此本研究针对 150 位销售主管发放主管问卷 150 份，用于评价员工的工作投入与工作绩效(包括任务绩效、组织公民行为、反生产行为)。由于每个销售主管下面包含若干员工，因此针对所

① Breckler S J. Applications of covariance structure modeling in psychology: cause for concern? [J]. Psychological Bulletin, 1990, 107(2): 260-273.

有参与调查的销售主管下面的员工发放员工问卷633份，用于员工自评其集体主义、不确定性规避、工作倦怠等方面的情况。

研究样本为48家电脑公司中的150个研究部门(1位主管对应3～6位员工为一个基本研究单位)，因此总共对633位电脑销售员工和150位销售主管发放纸质问卷进行调查研究。

4.2.2 抽样方法

本研究利用便利抽样(convenience sampling)的方式开展研究。便利抽样是指研究者根据实际情况，为方便开展工作，选择偶然遇到的人作为调查对象，或者仅仅选择那些离得最近的、最容易找到的人作为调查对象。由于在中国，直接去拜访相关公司发放问卷可能会被认为不太礼貌，陌生人拜访一般不太能被接受，因此本研究通过研究助理(research assistant)(包括亲戚和朋友)首先联络3家电子商城中的负责人，在该负责人的带领下对48家电脑销售小公司的员工和主管发放问卷。

4.3 研究工具

本研究调研问卷中使用的量表都是成熟的量表，所有测量题项均采用李克特5尺度量表，分为非常不同意(=1)、不同意(=2)、普通(=3)、同意(=4)、非常同意(=5)，由填答者依其自身感受，选择适合程度，依同意程度以1～5进行确认。依据文献回顾，提出研究架构中各变量的衡量方法，兹分述如下：

(1) 集体主义：是指个体重视和依赖群体的程度。集体主义的测量采用从个体水平直接测量的方法，要求被试回答他们对系列行为、态度和价值观条目的赞同程度，并对重要等级打分。所采用的量表为Hooft和Jong①使用过的成熟量表。填答者得分愈高，表示集体主义倾向程度越高，其中测量集体主义倾向的共8个题项，如"对我来说，快乐是与他人在一起""我会尽量避免与团队中的人有不同意见"。员工对自己的评价为该员工的集体主义倾向。该量表后续经检测的Cronbach's α值为0.76。

① Hooft E A J V, Jong M D. Predicting job seeking for temporary employment using the theory of planned behaviour: The moderating role of individualism and collectivism[J]. Journal of Occupational and Organizational Psychology, 2009, 82(2): 295-316.

(2) 不确定性规避：是指对事物不确定性的容忍程度。不确定性规避倾向影响一个组织成员的活动结构化程度，也就是影响到一个组织对风险的态度。本研究采用 Jung 和 Kellaris① 开发的量表，该量表测量个体层面的不确定性规避，是基于 Hofstede 对不确定性规避的定义发展而来的，有良好的信度和效度。该量表为单一维度，共有 7 个测量条目，比如"比起灵活多变的工作任务和要求，我更喜欢固定、事先确定好的工作内容和流程""我更喜欢具体、详细的工作指令，而不是笼统、粗略的指导方针""当我不知道事情发生的结果时，我会容易焦虑"。该量表后续经检测的 Cronbach's α 值为 0.84。

(3) 魅力领导：指领导者利用自身的感染力影响下属的程度。魅力领导量表方面，本研究采用 Conger, Kanungo 及 Menon② 开发的量表来测量。请部属填答对主管领导感受，由填答者依其自身感受，选择适合程度，填答者得分愈高，表示魅力领导程度越高。该量表共有 20 个题项，比如"为了实现组织目标，主管会用非常规的行为""主管具有企业家精神，抓住新的机遇去实现目标"。该量表后续经检测的 Cronbach's α 值为 0.75。

(4) 自恋：是指夸大自我重要性的程度。本研究采用 Ames, Rose 和 Anderson③ 发展的 NPI-16 (Narcissistic Personality Inventory) 短版的自恋人格量表，而此量表是以 Raskin 和 Hall 于 1988 年所发展的 NPI-40 为学术界与实务上最广泛使用的自恋人格量表为基础，打造的一个更为精简的测量工具。由填答者依其自身感受，选择适合程度，填答者得分越高，表示自恋程度越高，共有 16 个题项，比如"我觉得自己很特别""我不喜欢影响其他人"。该量表后续经检测的 Cronbach's α 值为 0.69。

(5) 工作投入：工作投入是个人认同工作重要性的程度。本量表主要依据 Schaufeli, Salanova 和 González-Romá 等④提出的工作投入量表，包括活力、奉献、专注三个构面，以衡量员工对工作投入的认知感受。活力构面有 6 个题项，

---

① Jung J M, Kellaris J J. Cross-national differences in proneness to scarcity effects: The moderating roles of familiarity, uncertainty avoidance, and need for cognitive closure[J]. Psychology & Marketing, 2004, 21(9): 739-753.

② Conger J A, Kanungo R N, Menon S T. Charismatic leadership and follower effects[J]. Journal of Organizational Behavior, 2000, 21(7): 747-767.

③ Ames D R, Rose P, Anderson C P. The NPI-16 as a short measure of narcissism[J]. Journal of Research in Personality, 2006, 40(4): 440-450.

④ Schaufeli W B, Salanova M, González-Romá V, et al. The measurement of engagement and burnout: A two sample confirmatory factor analytic approach[J]. Journal of Happiness Studies, 2002, 3(1): 71-92.

如“该员工在工作中，感觉充满活力”；奉献构面有5个题项，如“对该员工来说，工作具有挑战性”；专注构面有6个题项，如“该员工在工作时，感觉时间过得飞快”。由填答者依其自身感受，选择适合程度，填答者分数愈高表示认知程度愈高。该量表后续经检测的Cronbach's α值为0.73。

(6) 组织公平

本研究中组织公平以Niehoff和Moorman① 观点为依据。分配公平是指员工对组织使用公平方式来分配报酬的知觉程度；程序公平是指员工对组织依据公平方式及原则制定决策的知觉程度；互动公平是指员工所感受到的人与人之间交往的质量的知觉程度。

本研究中组织公平所用量表系根据Niehoff和Moorman 1993年设计问卷而来，量表将组织公平区别为分配公平、程序公平及互动公平三个构面。组织公平量表总计有20题，分为三部分：分配公平5题，如“我的工作时程安排是合理的”；程序公平6题，如“我的主管在做决策时，是不会偏心的”；以及互动公平9题，如“在决定跟我工作有关的决策时，我的主管会以尊重的方式对待我”。由填答者依其自身感受，选择适合程度，填答者得分愈高，代表组织公平感受程度愈高。该量表后续经检测的Cronbach's α值为0.75。

(7) 工作倦怠

本量表之目的在了解员工工作倦怠程度的高低，系以Maslach与Jackson② 发展之Maslach Burnout Inventory(简称MBI)为架构编制。本量表之员工工作倦怠各维度说明如下：①情绪耗竭：指工作者因出现情绪资源日益枯竭的现象，而感觉生理及心理方面的疲惫，自觉无法再奉献自己的心力，共9题，如“我感觉精神上被工作抽空了”。②个人成就感：指工作者对自己产生正面的评价，对于自己在工作上的表现感到满意，共8题，如“我很容易可以明白他人的感受”。③去人性化：指工作者以消极、冷漠无情、负面的态度对待服务对象，且变得暴躁、易怒，甚至对于周遭环境事物漠不关心，共5题，如“我担心工作会使我情绪化”。请受试者就题意，根据其对于工作的感受填写，得分愈高表示工作倦怠程度愈高。该量表后续经检测的Cronbach's α值为0.73。

---

① Niehoff B P, Moorman R H. Justice as a mediator of the relationship between methods of monitoring and organizational citizenship behavior[J]. Academy of Management Journal, 1993, 36(3): 527-556.

② Maslach C, Jackson S E. The measurement of experienced burnout [J]. Journal of Organizational Behavior, 1981, 2(2): 99-113.

(8) 任务绩效、组织公民行为与反生产行为

任务绩效是衡量员工对组织的核心技术做出贡献的有关行为的程度。任务绩效的测量采用 Tsui，Pearce 及 Porter 等①开发的量表，共有 11 个测量条目，如“该员工的工作量高于平均标准”和“该员工的工作质量高于一般的标准”。该量表后续经检测的 Cronbach's α 值为 0.77。

组织公民行为是衡量员工在正式的奖励制度之外自发性地做有利于组织的行为的程度。组织公民行为测量采用 Lee 与 Allen② 所提出的量表，包含两个维度：指向个人的组织公民行为(OCB-Interpersonal)和指向组织的组织公民行为(OCB-Organizational)。其共计 16 个题项，如“该员工会帮助其他缺勤的人”“该员工与组织保持同步发展”。该量表后续经检测的 Cronbach's α 值为 0.70。

反生产行为是衡量员工对组织或组织成员利益构成威胁的员工有意的自发行为程度。反生产行为测量采用 Bennett 与 Robinson③ 开发的量表，包含两个维度：人际反生产行为(interpersonal deviance)和组织反生产行为(organizational deviance)。其共计 19 个题项，如“该员工在工作中咒骂他人”“该员工的工作环境一团糟”。该量表后续经检测的 Cronbach's α 值为 0.73。

4.4 资料收集程序

本研究的地点为中国南京市规模较大的 3 家电子商城——百脑汇电脑城、华海 3C 数码广场、雄狮电子商城，通过研究者本人亲自发放纸质问卷进行调查研究，研究的时间跨度为 2016 年 9 月 1 日至 2016 年 10 月 8 日，共历时约 40 天时间。

本研究系以真实职场环境为研究目标，以实际的电脑销售人员为取样对象，故通过熟人(亲戚、朋友等)的介绍，事先与 3 家电子商城的负责人取得联系，然后在该商城负责人的介绍下，随机走访其中入驻的 48 家公司，施测对象为 48 家

---

① Tsui A S, Pearce J L, Porter L W, et al. Alternative approaches to the employee-organization relationship: Does investment in employees pay off? [J]. Academy of Management Journal, 1997, 40 (5): 1089-1121.

② Lee K, Allen N J. Organizational citizenship behavior and workplace deviance: The role of affect and cognitions[J]. Journal of Applied Psychology, 2002, 87(1): 131-139.

③ Bennett R J, Robinson S L. Development of a measure of workplace deviance[J]. Journal of Applied Psychology, 2000, 85(3): 349-360.

电脑及电脑零配件公司中从事销售业务工作的员工及销售主管。

研究样本为48家电脑公司中的150个研究部门(1位主管和3～6位员工为一个基本研究单位),针对销售主管发放关于员工工作投入、任务绩效、组织公民行为与反生产行为的问卷,针对销售主管下属的员工发放自评问卷,让员工自己评价其集体主义、不确定性规避、自恋、工作倦怠等基本情况,因此总共对633位电脑销售员工和150位销售主管发放纸质问卷进行调查研究。

本研究由研究者亲自前往3家电子商城实施问卷发放,问卷填答前则向受测者说明问卷内容、填答方式及相关注意事项。本研究共回收配对问卷633份(含主管评价与员工自评题项),经扣除填答不全、明显勾选错误等无效问卷132份,实际回收有效配对问卷501份,有效回收率为79%。

4.5 资料分析方法

本研究采用描述性统计分析(descriptive statistics)、信度分析(reliability)、效度分析(validity analysis)、相关性分析(correlation analysis),以SPSS统计软件进行数据处理分析,并以AMOS统计软件构建结构方程模型(structural equation model, SEM)进行统计资料的验证与分析。方法详述如下:

(1) 描述性统计

借由次数分配、百分比、平均数、标准偏差等统计数据,了解样本的分配及基本资料的分布。

(2) 信、效度检验

进行假说检定之前,必须先确定各个构念具有良好的信度以及效度。信度是经由多次测量所得结果间的一致性或稳定性,或估计测量误差有多少从而实际反映出真实量数程度的一种指标。本研究的信度分析采用Cronbach's α与组成信度(composite reliability, CR)来衡量,以确保测量程序的正确性。效度方面,本研究采用收敛效度(convergent validity)与区别效度(discriminant validity)来衡量:收敛效度分别透过因素负荷量(factor loading)与平均萃取变异量(average variance extracted, AVE)作为测量方法,若是AVE越大,相对测量的误差就越小;而区别效度则是以本身构念的AVE之平方根大于与其他构念之相关系数(correlation)作为评断标准。

a. 收敛效度:指针对多重变数的测量结果是否具有高度相关,并且趋向同一构念的程度。若个别构念的平均萃取变异量大于 0.5，即代表该构念具备足够的收敛效度①；若变项对于所测量的构念之因素负荷量够高时（负荷量>0.5），同样也可达到收敛效度的要求。

b. 区别效度：指分析测量指标对于不同构念间的鉴别程度。在区别效度方面的衡量上，可借由交叉负荷矩阵（cross-loading matrix）与平均萃取变异量（AVE）的平方根来评估测量指标对不同构念间的区别程度。若构念的平均萃取变异量之平方根大于其构念与其他构念的相关系数值，即代表其构念具有足够且良好的区别效度②。

（3）相关性分析

本研究采用皮尔森积差相关系数分析方法（Pearson correlation analysis）探讨两两变量间的相关性，分别检验集体主义、不确定性规避、工作投入、任务绩效、组织公民行为、工作倦怠、反生产行为、魅力领导、自恋、分配公平、程序公平以及互动公平变量之间可能存在之相关性。

（4）结构方程模型

结构方程模型是路径分析（path analysis）与因素分析（factor analysis）的延伸，借由同时间分析一个封闭理论模型中的一组（或多个）线性回归方程式，了解因素之间的因果关系。SEM 主要包含两个模式：一为验证性因素分析（confirmatory factor analysis）模式，将测量变数（measured variable）连接到潜在变数（latent variable）。在 SEM 中此部分称为测量模型（measurement model）。另一部分为结构模式（structural model）来辨认潜在变数之间的因果关系。

总而言之，因素分析，即验证性因素分析经由结构模式将潜在变数与观察变数结合，构成了结构方程模型的测量模型部分，再借助路径分析模式研究潜在变数之间的因果关系，即是结构方程模型的结构模型部分，将这两部分放在一个整体的架构中，即形成了完整的结构方程模型。结构方程模型是一种复杂的因果关系模型，可以处理观察变数与潜在变数，以及潜在变数之间的关系，同时还考虑了误差变数。

（5）调节分析

---

① Fornell C，Larcker D F. Structural equation models with unobservable variables and measurement error：Algebra and statistics[J]. Journal of Marketing Research，1981，18(3)：382-388.

② Hair，Joseph F J，William C Black，Barry J Babin，et al. Multivariate Data Analysis[M]. US：Pearson Education，2006.

调节变量是用来解释自变量在何种条件下会影响因变量的。也就是说，当自变量与因变量的相关大小或正负方向受到其他因素的影响时，这个其他因素就是所谓调节变量。本研究欲检验调节变量魅力领导与自恋对集体主义价值观与工作投入、不确定性规避价值观与工作投入是否具有调节效果；分配公平、程序公平与互动公平对工作投入与任务绩效、组织公民行为、工作倦怠、反生产行为之间是否具有调节效果。

第5章 研究结果

在这一章中，我们采用结构方程模型对问卷收集的数据进行了分析，然后验证假设。研究方法包括信度分析、效度分析、验证性因素分析、调节效应检验等。

5.1 描述性统计

以下是针对全体样本($N=633$)的性别、学历和职位等变量进行的描述统计(见表5-1、表5-2)。从中可以看出，总体样本中，男性比例较高(占74.4%)，说明电脑销售人员主要是男性；学历中大专与本科学历占比较高，分别占到总数的44.4%和45.0%，说明目前大学教育已经比较普及，从事电脑销售工作的员工基本上具有高等教育学历水平；职位中以一般员工和基层管理人员为主，分别占到总数的47.7%和39.0%，说明电脑销售人员主要是与顾客直接接触的一线基层员工和基层销售经理为主。

研究样本中，平均工作年资为5年，年龄为30岁，说明从事电脑销售工作的员工一般比较年轻，工作年限比较短；企业规模平均是92人，团队规模为6人，说明调查样本中选择的是小型电脑销售公司。

表5-1 研究样本汇总

变量		频数	百分比(%)	累计百分比(%)
性别	男	471	74.4	74.4
	女	162	25.6	100.0
学历	高中	44	7.0	7.0
	大专	281	44.4	51.3
	本科	285	45.0	96.4
	硕士(含以上)	23	3.6	100.0
职位	一般员工	302	47.7	47.7
	基层管理人员	247	39.0	86.7
	中层管理人员	84	13.3	100.0

表 5-2 变量的描述统计

变量	样本总数	最小值	最大值	平均值	标准差
年资	633	1.0	27.0	5.29	4.92
年龄	633	17.00	59.00	30.47	6.33
企业规模	633	4	200	92.32	52.31
团队规模	633	3	14	5.60	1.26

5.2 信度分析

信度，又称可靠性程度，用于分析一种测量方法所得的结果的前后一致性水平，并以这种一致性程度为指标来评定量表与测量方法的可靠性。其中，内部一致性信度主要是指同一个量表中受试者对所有题项回答的一致性程度，主要通过Cronbach's α 系数来表示。若内部一致性系数都达到了 0.60 以上，说明各分量表的 Cronbach's α 信度基本上可以接受，从而保证了数据具有一定的可靠性。具体到本研究的内容，本文将运用 SPSS 软件依次对各变量进行了信度分析，以Cronbach's α 系数进行说明，分析结果如表 5-3 所示。由表 5-3 可知，每个变量(维度)的信度系数均大于 0.70，说明各维度具有较好的内部一致性，可以进一步进行分析。

表 5-3 信度分析

变量(维度)	Cronbach's α	题项
集体主义	0.93	7
不确定性规避	0.89	7
工作投入	0.93	17
工作倦怠	0.95	22
任务绩效	0.96	11
组织公民行为	0.93	16
反生产行为	0.93	19
魅力领导	0.98	20
自恋	0.96	16
分配公平	0.91	5
程序公平	0.88	6
互动公平	0.95	9

5.3 相关性分析

本研究针对各量表之变量进行相关性分析，借以了解集体主义、不确定性规避、工作投入、工作倦怠、任务绩效、组织公民行为等各量表之变量，以及各因素子构面之间可能存在之相关性。

通过分析得出，各维度的 AVE 大于 0.5，且 AVE 大于相关系数的平方，说明量表有很好的收敛效度和区别效度。

集体主义、不确定性规避与工作投入的相关系数分别为 0.30 和 0.25（$p<0.001$），说明集体主义、不确定性规避与工作投入之间有显著的正向关系；工作倦怠、任务绩效、组织公民行为、反生产行为与工作投入之间的相关系数分析为 −0.31、0.20、0.24、−0.17（$p<0.01$），说明工作倦怠、反生产行为与工作投入之间有显著的负向关系，任务绩效、组织公民行为与工作投入之间有显著的正向关系。自恋、魅力领导与工作投入的相关系数分别为 0.08、0.02，显著性均大于 0.05，说明魅力领导、自恋与工作投入没有显著的关系；分配公平、程序公平、互动公平与工作倦怠之间的相关系数的显著性检测均大于 0.05，说明分配公平、程序公平、互动公平与工作倦怠之间没有显著的关系；分配公平、程序公平、互动公平与任务绩效之间的相关系数的显著性检测均大于 0.05，说明分配公平、程序公平、互动公平与任务绩效之间没有显著的关系；分配公平、程序公平、互动公平与组织公民行为之间的相关系数的显著性均大于 0.05，说明分配公平、程序公平、互动公平与组织公民行为之间没有显著的关系；分配公平、程序公平、互动公平与反生产行为之间的相关系数的显著性均大于 0.05，说明分配公平、程序公平、互动公平与反生产行为之间没有显著的关系。相关性分析的结论请见表 5-4。

5.4 验证性因素分析

验证性因素分析是对调查数据进行的一种统计分析，这种方法用于检验某一个因子与对应的观测变量之间的关系是不是符合研究者预先设定的理论关系。

本研究于问卷回收后，以验证性因素分析来检验测量模型与观察资料间的适配程度。本研究参考 Bagozzi 和 Yi①1988 年的意见，以其中 8 项指标进行整

① Bagozzi R P, Yi Y, On the evaluation of structural equation model[J]. Journal of Academy of Marketing Science, 1988, 16(1): 74-94.

表 5-4 相关性分析

	平均数	标准差	1	2	3	4	5	6	7	8	9	10	11	12	13	14	15	16	17	18
1. 性别	—	—	—																	
2. 年龄	30.47	6.33	0.12**	—																
3. 学历	—	—	0.05	0.15**	—															
4. 职位	—	—	−0.09*	−0.64**	0.06	—														
5. 工作年资	5.29	4.92	−0.11*	−0.92**	−0.24**	0.63**	—													
6. 团队规模	5.60	1.26	0.03	0.14**	−0.01	−0.18**	−0.12**	—												
7. 集体主义	3.24	0.78	0.09*	0.03	0.04	0.00	−0.02	0.10*	0.80											
8. 不确定性规避	3.43	0.71	0.12**	0.02	0.04	0.02	−0.03	0.11*	0.45**	0.73										
9. 工作投入	3.43	0.67	0.03	0.01	−0.01	−0.07	0.01	0.06	0.30**	0.25**	0.74									
10. 工作倦怠	3.01	0.71	−0.00	−0.06	−0.07	0.04	0.05	0.01	−0.11*	−0.10*	−0.31**	0.65								
11. 任务绩效	3.24	0.78	−0.03	0.09	0.01	−0.05	−0.08	−0.01	0.13**	0.14**	0.20**	−0.11*	0.81							
12. 组织公民行为	3.18	0.70	0.02	0.00	−0.02	−0.01	−0.00	0.01	0.07	0.09	0.24**	−0.02	0.25**	0.70						
13. 反生产行为	2.24	0.72	0.04	0.06	0.04	0.00	−0.06	−0.07	−0.10*	−0.08	−0.17**	0.08	−0.19**	−0.22**	0.76					
14. 自恋	4.10	0.68	0.05	0.02	−0.06	−0.01	−0.01	−0.05	0.02	0.07	0.08	−0.10*	0.10*	0.13**	0.02	0.77				
15. 魅力领导	3.32	0.90	0.03	0.03	−0.01	0.04	0.02	0.07	0.27**	0.04	0.02	−0.01	0.04	0.09*	−0.01	−0.03	0.82			
16. 分配公平	3.44	0.80	−0.09*	−0.02	0.01	0.04	0.02	−0.04	−0.14**	−0.14**	−0.38**	0.18**	−0.00	−0.02	−0.04	0.04	−0.06	0.68		
17. 程序公平	3.43	0.74	0.01	0.00	0.07	0.05	−0.00	−0.02	−0.13**	−0.20**	−0.46**	0.20**	−0.04	−0.03	−0.04	−0.02	−0.01	0.45**	0.69	
18. 互动公平	3.45	0.81	0.02	0.01	−0.05	0.04	−0.01	−0.06	−0.20**	−0.16**	−0.35**	0.14**	−0.01	−0.01	−0.05	0.02	−0.06	0.46**	0.47**	0.72

注：** 在 0.01 水平(双侧)上显著相关；* 在 0.05 水平(双侧)上显著相关；对角线数值为 AVE 的算术平方根。

体模式适配度的评鉴，包括卡方（Chi-square）值（χ^2）检定、χ^2 与自由度的比值、适配指标（goodness of fit index，GFI）、调整后适配指标（adjusted goodness of fit index，AGFI）、近似误差均方根（root mean square error of approximation，RMSEA）、比较配适度指标（comparative fit index，CFI）、平均残差协方差标准化的总和（standardized root mean-square residual，SRMR）、规准适配指数（normed fit index，NFI）。根据过去学者建议的适配标准，χ^2/df＜5；NFI＞0.9、CFI＞0.9；SRMR≤0.08、RMSEA≤0.06①。

Bagozzi 和 Yi 强调，以 χ^2 与其自由度比值来检定模式配适度，其比值应该越小越好，而 GFI、AGFI 值越接近 1 越好，并无绝对标准来判定模式的适配度；Baumgartner 和 Homburg② 建议，研究中之 GFI 值与 AGFI 值须大于 0.90；Browne 和 Cudeck③ 指出，RMSEA 若介于 0.05～0.08，显示模式良好，具有合理配适度（reasonable fit）。SRMR 是指平均残差协方差标准化的总和，一般要求小于 0.08；NFI 为规准适配指数，CFI 为比较适配指数，各项指标数值越接近 1，表示模型的适配度越好，一般标准为＞0.9。表 5-5 归纳了研究模式的适配度参考指标。

表 5-5　研究模式的适配度参考指标

SEM 适配指标	判断准则
χ^2	越小越好
χ^2 与自由度比值	越小越好
GFI	＞0.9
AGFI	＞0.9
NFI	＞0.9
CFI	＞0.9
RMSEA	＜0.08
SRMR	＜0.08

① Doll W J, Xia W, Torkzadeh G. A confirmatory factor analysis of the end－user computing satisfaction instrument[J]. Mis Quarterly, 1994, 18(4): 453-461.

② Baumgartner H, Homburg C. Applications of structural equation modeling in marketing and consumer research: A review[J]. International Journal of Research in Marketing, 1996, 13(2): 139-161.

③ Browne M W, Cudeck R. Alternative ways of assessing model fit: Testing structural equation models[M]. Newburry Park, CA: Sage Publications Inc, 1993: 136-162.

基于本研究的架构，将工作投入、工作倦怠、组织公民行为、反生产行为用来检验测量模型的各项指标。本研究中各测量模型的一阶验证性因素分析结果如表5-6，二阶验证性因素分析的结果如表5-7，模型适配度指标均符合要求。

表5-6 测量模型的一阶验证性因素分析

拟合指标	CMIN	DF	CMIN/DF	GFI	AGFI	NFI	CFI	RMSEA	SRMR
工作投入	446.33	115	3.88	0.91	0.88	0.93	0.95	0.07	0.06
工作倦怠	445.77	206	2.16	0.92	0.91	0.96	0.98	0.05	0.03
组织公民行为	224.76	103	2.18	0.95	0.93	0.96	0.98	0.05	0.03
反生产行为	549.17	150	3.66	0.90	0.87	0.91	0.93	0.07	0.07

表5-7 二阶验证性因素分析

拟合指标	χ^2	DF	χ^2/df	GFI	AGFI	NFI	CFI	RMSEA	SRMR
二阶模型	4 258.75	2 524	1.69	0.81	0.79	0.87	0.94	0.04	0.04

线性结构关系方程式中包含测量模型与结构模型，其中的测量模型，即所谓的验证性因素分析。本研究中整体模型的适配度指标如表5-8所示。χ^2与自由度的比值小于5(2.85)；GFI、AGFI分别为0.84、0.82；RMSEA为0.06；SRMR为0.05；NFI为0.86，CFI为0.91。因此整体模型的适配度指标基本符合要求，适配指标都在标准值或接近于标准值，显示本研究结果是可接受之模式，因此本研究样本数据所建构的结构方程模型，可用来解释实际的观察数据。

表5-8 整体模型的适配度指标

拟合指标	CMIN	DF	CMIN/DF	GFI	AGFI	NFI	CFI	RMSEA	SRMR
整体模型	1577.04	553	2.85	0.84	0.82	0.86	0.91	0.06	0.05

5.5 组合信度与平均方差萃取量

由附录A显示，各维度标准化因子负荷均高于0.5，说明每个题项都可以很好地解释其所在的维度。组合信度(CR)是模型内在质量的判别准则之一，反映了每个潜变量中所有测项是否一致性地解释该潜变量。由附录A可知，组合信度CR大于0.60，符合Fornell与Larcker所建议的0.60以上标准，具有良好的内部一致性。

平均方差萃取量(AVE 值)来反映值通常被用来反映量表的聚敛效度，可以直接显示被潜在变量所解释的变异量有多少是来自测量误差，AVE 值愈大，测量变量被潜在变量解释的变异量百分比愈大，相对的测量误差就愈小。平均方差萃取量的值，大部分皆符合 Fornell 与 Larcker 所建议大于 0.50 以上之标准。综合以上数据，显示此模型是在可被接受的范围之内。

5.6 结构方程模型分析

结构方程模型(SEM)也称为共变数结构分析，是一种运用假设检定对因果关系的内在结构理论进行分析的统计方法。验证性因子分析（confirmatory factor analysis）的强项正是在于它允许研究者明确描述一个理论模型中的细节。那么一个研究者想描述什么呢？因为测量误差的存在，研究者需要使用多个测度项。当使用多个测度项之后，我们就有测度项的“质量”问题，即效度检验。而效度检验就是要看一个测度项是否与其所设计的因子有显著的载荷，并与其不相干的因子没有显著的载荷。当然，我们可能进一步检验一个测度项工具中是否存在共同方法偏差，一些测度项之间是否存在“子因子”。这些测试都要求研究者明确描述测度项、因子、残差之间的关系。对这种关系的描述又叫测度模型（measurement model）。对测度模型的检验就是验证性测度模型。对测度模型的质量检验是假设检验之前的必要步骤。

依据前述因素分析的结果，本研究将各构面之路径系数以及其检定结果整理如表 5-9 所示，并将其结构关系模式路径图简化为如图 5-1 所示。

表 5-9　标准化路径系数

变量	路径	变量	标准化路径系数	T 值	P 值
集体主义	—→	工作投入	0.27	4.52	***
不确定性规避	—→	工作投入	0.18	3.00	**
工作投入	—→	工作倦怠	−0.36	−5.51	***
工作投入	—→	任务绩效	0.27	5.22	***
工作投入	—→	组织公民行为	0.41	6.40	***
工作投入	—→	反生产行为	−0.21	−3.09	**

注：$p<0.05^{*}$；$p<0.01^{**}$；$p<0.001^{***}$

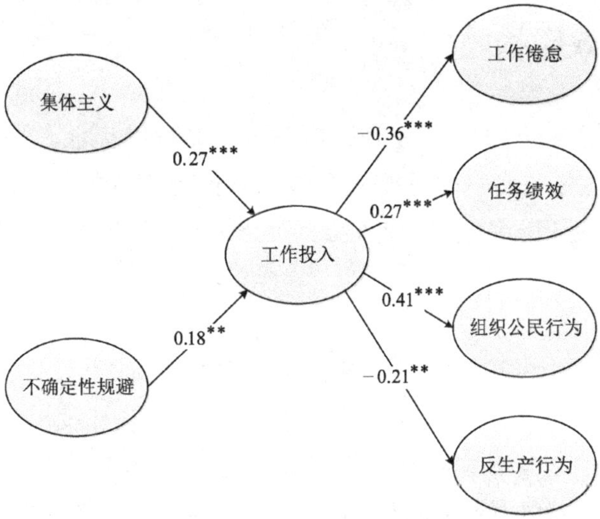

图 5-1　各构面关系之简化图形

由表 5-9 可知，集体主义到工作投入的标准化路径系数为 0.27（$t=4.52$，$p=0.00<0.05$），说明集体主义对工作投入有显著的正向影响作用，即集体主义越高，工作投入越高，故假设 H1a 获得支持。

不确定性规避到工作投入的标准化路径系数为 0.18（$t=3.00$，$p=0.00<0.05$），说明不确定性规避对工作投入有显著的正向影响作用，即不确定性规避越高，工作投入越高，故假设 H1b 获得支持。

工作投入到任务绩效的标准化路径系数为 0.27（$t=5.22$，$p=0.00<0.05$），说明工作投入对任务绩效有显著的正向影响作用，即工作投入越高，任务绩效越高，故假设 H4a 获得支持。

工作投入到组织公民行为的标准化路径系数为 0.41（$t=6.40$，$p=0.00<0.05$），说明工作投入对组织公民行为有显著的正向影响作用，即工作投入越高，组织公民行为越高，故假设 H4b 获得支持。

工作投入到工作倦怠的标准化路径系数为 −0.36（$t=-5.51$，$p=0.00<0.05$），说明工作投入对工作倦怠有显著的负向影响作用，即工作投入越高，工作倦怠越低，故假设 H5a 获得支持。

工作投入到反生产行为的标准化路径系数为 −0.21（$t=-3.09$，$p=0.00<0.05$），说明工作投入对反生产行为有显著的负向影响作用，即工作投入越高，反生产行为越低，故假设 H5b 获得支持。

5.7 调节效应检验

本研究针对各量表之自变量，其对因变量之影响程度进行分析与解释，或借由各量表之自变量与回归方程式，对因变量来做进一步预测，期望借由回归分析，来找出一组可用于清楚衡量各变量间变化关系之最佳函数。

5.7.1 魅力领导调节作用检验

表 5-10 显示：模型 1 中控制变量的回归系数只有职位级别显著，说明职位级别对工作投入有显著的负向影响作用，其他控制变量对工作投入没有显著的影响作用；模型 2 中自变量集体主义对工作投入有显著的正向影响作用（$\beta=0.32$，$p<0.001$），而调节变量魅力领导的回归系数不显著说明对工作投入没有显著的影响；模型 3 中自变量与调节变量的交互项的回归系数 $\beta=0.17$，$p<0.001$，说明交互项对工作投入有显著的正向影响作用，且模型 2 的 Adjusted R^2 是 0.09，模型 3 的 Adjusted R^2 是 0.12，提高且显著，说明模型解释能力增强。故证明调节变量魅力领导对集体主义和工作投入的关系有显著的正向调节作用，假设 H2a 获得支持。

表 5-10 魅力领导对集体主义与工作投入的调节作用

	工作投入		
	模型 1	模型 2	模型 3
性别	0.03	0.00	0.00
年龄	0.05	0.06	0.09
学历	0.02	0.01	0.00
职位	−0.12	−0.13	−0.11
工作年数	0.14	0.15*	0.17*
团队规模	0.05	0.02	0.02
集体主义		0.32***	0.36***
魅力领导		−0.07	−0.03
集体主义×魅力领导			0.17***
Adjusted R^2	0	0.09	0.12
ΔR^2	0	0.09	0.03
F 值	1.11	26.01***	14.16***

注：$p<0.05$*；$p<0.01$**；$p<0.001$***

表 5-11 显示：模型 1 中控制变量的回归系数均只有职位级别显著，说明职位级别对工作投入有显著的负向影响作用，其他控制变量对工作投入没有显著的影响作用；模型 2 中自变量不确定性规避对工作投入有显著的正向影响作用（$\beta=0.26$，$p<0.001$），而调节变量魅力领导的回归系数不显著说明对工作投入没有显著的影响；模型 3 中自变量与调节变量的交互项的回归系数 $\beta=0.10$，$p<0.05$，说明交互项对工作投入有显著的正向影响作用，且模型 2 的 Adjusted R^2 是 0.06，模型 3 的 Adjusted R^2 是 0.07，提高且显著，说明模型解释能力增强。故证明调节变量魅力领导对不确定性规避和工作投入的关系有显著的正向调节作用，假设 H2b 获得支持。

表 5-11　魅力领导对不确定性规避与工作投入的调节作用

	工作投入		
	模型 1	模型 2	模型 3
性别	0.03	−0.01	−0.01
年龄	0.05	0.05	0.04
学历	0.02	0.01	0.01
职位	−0.12	−0.14*	−0.14*
工作年数	0.14	0.16	0.14
团队规模	0.05	0.02	0.02
不确定性规避		0.26***	0.23***
魅力领导		0.01	0.02
不确定性规避×魅力领导			0.10*
Adjusted R^2	0	0.06	0.07
ΔR^2	0	0.06	0.01
F 值	1.11	16.94***	4.53*

注：$p<0.05$ *；$p<0.01$ **；$p<0.001$ ***

5.7.2　自恋调节作用检验

表 5-12 显示：模型 1 中控制变量的回归系数只有职位级别显著，说明职位级别对工作投入有显著的负向影响作用，其他控制变量对工作投入没有显著的影响作用；模型 2 中自变量集体主义对工作投入有显著的正向影响作用（$\beta=$

0.30，$p<0.001$)，而调节变量自恋的回归系数不显著说明对工作投入没有显著的影响；模型3中自变量与调节变量的交互项的回归系数 $\beta=-0.12$，$p<0.05$，说明交互项对工作投入有显著的负向影响作用，且模型2的 Adjusted R^2 是0.09，模型3的 Adjusted R^2 是0.10，提高且显著，说明模型解释能力增强。故证明调节变量自恋对集体主义和工作投入的关系有显著的负向调节作用，假设H3a获得支持。

表5-12 自恋对集体主义与工作投入的调节作用

	工作投入		
	模型1	模型2	模型3
性别	0.03	−0.01	0.00
年龄	0.05	0.03	0.03
学历	0.02	0.01	0.01
职位	−0.12	−0.13*	−0.12*
工作年数	0.14	0.13	0.12
团队规模	0.05	0.02	0.02
集体主义		0.30***	0.30***
自恋		0.08	0.07
集体主义×自恋			−0.12*
Adjusted R^2	0	0.09	0.10
ΔR^2	0	0.09	0.01
F 值	1.11	26.60***	6.05*

注：$p<0.05$*；$p<0.01$**；$p<0.001$***

表5-13显示：模型1中控制变量的回归系数只有职位级别显著，说明职位级别对工作投入有显著的负向影响作用，其他控制变量对工作投入没有显著的影响作用；模型2中自变量不确定性规避对工作投入有显著的正向影响作用($\beta=0.25$，$p<0.001$)，而调节变量自恋的回归系数不显著说明对工作投入没有显著的影响；模型3中自变量与调节变量的交互项的回归系数 $\beta=-0.01$，$p>0.5$，说明交互项对工作投入没有显著的负影响作用，且模型2的 Adjusted R^2 是0.06，模型3的 Adjusted R^2 是0.06，没有显著，故证明调节变量自恋对不确定性规避和工作投入的关系没有显著的调节作用，假设H3b没有获得支持。

表5-13 自恋对不确定性规避与工作投入的调节作用

	工作投入		
	模型1	模型2	模型3
性别	0.03	−0.01	−0.01
年龄	0.05	0.06	0.06
学历	0.02	0.02	0.02
职位	−0.12	−0.14*	−0.14*
工作年数	0.14	0.16	0.16
团队规模	0.05	0.02	0.02
不确定性规避		0.25***	0.25***
自恋		0.07	0.07
不确定性规避×自恋			−0.01
Adjusted R^2	0	0.06	0.06
ΔR^2	0	0.06	0
F值	1.11	18.12***	0.04

注：$p<0.05$*；$p<0.01$**；$p<0.001$***

5.7.3 组织公平调节作用检验

由表5-14可知，交互项的回归系数显著的模型仅有模型9和12，故说明分配公平对工作投入与组织公民行为，工作投入与反生产行为的调节作用显著，交互项的回归系数分别为0.13、−0.13，说明分配公平仅对工作投入与组织公民行为有显著的正向调节作用，分配公平仅对工作投入与反生产行为有显著的负向调节作用，其他调节作用均不显著。因此，假设H6b和H6d获得支持，假设H6a和H6c没有获得支持。

由表5-15可知，交互项的回归系数显著的模型仅有模型12，故说明程序公平仅对工作投入与反生产行为的调节作用显著，且回归系数为−0.15，说明程序公平仅对工作投入与反生产行为有显著的负向调节作用，其他调节作用均不显著。因此，仅有假设H7d获得支持，假设H7a，H7b和H7c没有获得支持。

由表5-16可知，交互项的回归系数显著均不显著，说明互动公平对工作投入与工作倦怠、任务绩效、组织公民行为、反生产行为之间的关系没有显著的调节作用。因此，假设H8a，H8b，H8c和H8d都没有获得支持。

表 5-14　分配公平的调节作用

	工作倦怠			任务绩效			组织公民行为			反生产行为		
	模型 1	模型 2	模型 3	模型 4	模型 5	模型 6	模型 7	模型 8	模型 9	模型 10	模型 11	模型 12
性别	0.01	0.02	0.02	−0.03	−0.03	−0.03	0.02	0.02	0.02	0.04	0.03	0.04
年龄	−0.10	−0.09	−0.09	0.10	0.09	0.08	−0.01	−0.02	0.00	0.05	0.06	0.03
学历	−0.08	−0.07	−0.07	0.00	0.00	0.01	−0.02	−0.03	−0.02	0.02	0.02	−0.01
职位	0.03	0.00	0.00	0.01	0.03	0.03	0.00	0.02	0.01	0.05	0.03	0.04
工作年数	−0.07	−0.03	−0.03	0.01	−0.02	−0.03	−0.01	−0.04	0.00	−0.05	−0.03	−0.06
团队规模	0.02	0.04	0.04	−0.02	−0.03	−0.03	0.01	0.00	0.00	−0.08*	−0.07	−0.07*
工作投入		−0.28***	−0.28***		0.24***	0.24***		0.27***	0.26***		−0.21***	−0.20***
分配公平		0.07	0.07		0.08	0.10		0.09	0.01		−0.12**	−0.04
工作投入×分配公平			0.01			−0.03			0.13*			−0.13*
Adjusted R^2	0.00	0.09	0.09	0.00	0.04	0.04	−0.01	0.05	0.06	0.00	0.04	0.05
ΔR^2	0	0.09	0	0	0.04	0	0	0.06	0.01	0	0.04	0.01
F 值	0.70	27.35***	0.04	0.78	12.31***	0.37	0.09	16.63***	5.70*	1.18	10.36***	5.73*

注：$p<0.05^{*}$；$p<0.01^{**}$；$p<0.001^{***}$

表 5-15 程序公平的调节作用

	工作倦怠			任务绩效			组织公民行为			反生产行为		
	模型 1	模型 2	模型 3	模型 4	模型 5	模型 6	模型 7	模型 8	模型 9	模型 10	模型 11	模型 12
性别	0.01	0.02	0.01	−0.03	−0.04	−0.04	0.02	0.02	0.01	0.04	0.05	0.04
年龄	−0.10	−0.09	−0.09	0.10	0.09	0.09	−0.01	−0.03	−0.03	0.05	0.07	0.07
学历	−0.07	−0.07	−0.07	0.01	0.00	0.00	−0.02	−0.03	−0.04	0.02	0.03	0.03
职位	0.03	0.01	0.01	0.00	0.03	0.03	0.00	0.02	0.03	0.05	0.03	0.04
工作年数	−0.07	−0.04	−0.04	0.02	−0.02	−0.02	−0.01	−0.05	−0.06	−0.05	−0.02	−0.03
团队规模	0.02	0.04	0.04	−0.02	−0.03	−0.03	0.01	0.00	0.01	−0.08*	−0.07	−0.08
工作投入		−0.27***	−0.27***		0.23***	0.25***		0.29***	0.31***		−0.24***	−0.19***
程序公平		0.08	0.09		0.06	0.10		0.10*	0.14*		−0.16**	−0.04
工作投入×程序公平			−0.02			−0.04			−0.05			−0.15*
Adjusted R^2	0.00	0.09	0.09	0.00	0.04	0.04	−0.01	0.05	0.05	0.00	0.05	0.06
ΔR^2	0	0.10	0	0	0.04	0	0	0.06	0	0	0.05	0.01
F 值	0.70	27.53***	0.10	0.78	11.55**	0.50	0.09	17.17***	0.76	1.18	12.40***	6.48*

注：$p<0.05$*；$p<0.01$**；$p<0.001$***

表 5-16　互动公平的调节作用

	工作倦怠			任务绩效			组织公民行为			反生产行为		
	模型 1	模型 2	模型 3	模型 4	模型 5	模型 6	模型 7	模型 8	模型 9	模型 10	模型 11	模型 12
性别	0.01	0.02	0.01	−0.03	−0.04	−0.04	0.02	0.01	0.01	0.04	0.05	0.05
年龄	−0.10	−0.09	−0.09	0.10	0.09	0.09	−0.01	−0.03	−0.02	0.05	0.06	0.06
学历	−0.07	−0.06	−0.07	0.01	0.01	0.01	−0.02	−0.02	−0.02	0.00	−0.01	0.01
职位	0.03	0.01	0.00	0.00	0.03	0.02	0.00	0.02	0.02	0.06	0.04	0.04
工作年数	−0.07	−0.03	−0.05	0.02	−0.01	−0.01	−0.01	−0.04	−0.03	−0.08	−0.03	−0.04
团队规模	0.02	0.04	0.03	−0.02	−0.02	−0.02	0.01	0.00	0.01	−0.09*	−0.08*	−0.08*
工作投入		−0.30***	−0.29***		0.23***	0.23***		0.27***	0.26***		−0.22***	−0.20***
互动公平		0.04	0.07		0.07	0.06		0.09	0.06		−0.13**	−0.06
工作投入×互动公平			−0.05			0.01			0.04			−0.10
Adjusted R^2	0.00	0.09	0.09	0.00	0.04	0.04	−0.01	0.05	0.05	0.00	0.04	0.05
ΔR^2	0	0.09	0	0	0.04	0	0	0.06	0	0	0.04	0.01
F 值	0.70	26.35***	0.91	0.78	16.67***	0.06	0.09	16.61***	0.48	1.18	11.11***	3.09

注：$p<0.05^*$；$p<0.01^{**}$；$p<0.001^{***}$

5.8 研究结果

在本文的研究中总共提出 22 个假设，经过实证研究的验证，研究结果如图 5-2 所示，在研究框架的假设条件中，获得支持的用实线表示，没有获得支持的用虚线表示。具体研究假设结论如表 5-17 所示。

根据上述数据分析的结果，本研究证实了集体主义和高不确定性规避价值观对工作投入有显著的正向影响作用，并且能够带来更好的绩效结果；主管魅力领导对员工用价值观评估是否付出工作投入具有正向影响作用，即主管魅力领导会分别对集体主义价值观和工作投入、不确定性规避价值观和工作投入之关系产生正向影响作用；员工自恋仅对集体主义价值观与工作投入之关系有负向影响作用，而对不确定性规避价值观与工作投入之关系没有影响；分配公平与程序公平会部分影响员工工作投入和个人行为结果之关系，即分配公平会对工作投入和组织公民行为之关系产生正向影响作用，而对工作投入与反生产行为之关系产生负向影响作用；互动公平对员工工作投入与个人行为结果之关系没有任何的影响作用。

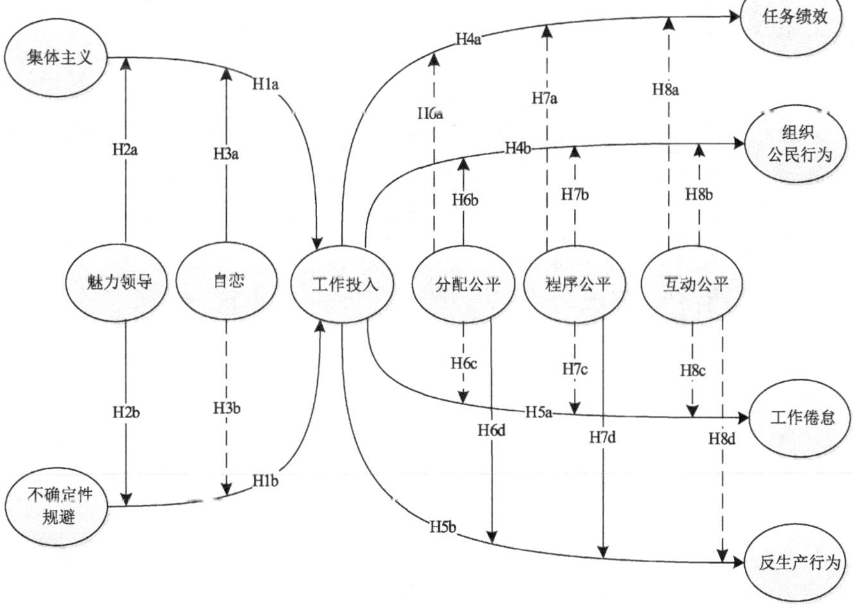

图 5-2 研究假设结论

表 5-17　研究假设及结论

序号	假设条件	研究结论
H1a	集体主义会正向影响工作投入	支持
H1b	不确定性规避会正向影响工作投入	支持
H2a	魅力领导对集体主义与工作投入之关系起到正向调节作用	支持
H2b	魅力领导对不确定性规避与工作投入之关系起到正向调节作用	支持
H3a	自恋对集体主义与工作投入之关系起到负向的调节作用	支持
H3b	自恋对不确定性规避与工作投入之关系起到负向的调节作用	不支持
H4a	工作投入会正向影响任务绩效	支持
H4b	工作投入会正向影响组织公民行为	支持
H5a	工作投入会负向影响工作倦怠	支持
H5b	工作投入会负向影响反产生行为	支持
H6a	分配公平对工作投入与任务绩效之关系起到正向的调节作用	不支持
H6b	分配公平对工作投入与组织公民行为之关系起到正向调节作用	支持
H6c	分配公平对工作投入与工作倦怠之关系起到负向调节作用	不支持
H6d	分配公平对工作投入与反生产行为之关系起到负向调节作用	支持
H7a	程序公平对工作投入与任务绩效之关系起到正向的调节作用	不支持
H7b	程序公平对工作投入与组织公民行为之关系起到正向调节作用	不支持
H7c	程序公平对工作投入与工作倦怠之关系起到负向调节作用	不支持
H7d	程序公平对工作投入与反生产行为之关系起到负向调节作用	支持
H8a	互动公平对工作投入与任务绩效之关系起到正向的调节作用	不支持
H8b	互动公平对工作投入与组织公民行为之关系起到正向调节作用	不支持
H8c	互动公平对工作投入与工作倦怠之关系起到负向调节作用	不支持
H8d	互动公平对工作投入与反生产行为之关系起到负向调节作用	不支持

5.9 讨论

5.9.1 员工自恋对不确定性规避价值观与工作投入没有影响作用

自恋对不确定性规避与工作投入没有调节作用，说明自恋程度高的员工，虽然比较喜欢自己，但并不会影响他们积极的工作投入，以规避可能发生的风险为未来做准备。这说明自恋与不确定性规避价值观没有冲突。高度自恋的员工，过于注重自我，只是说明员工重视自我利益高于群体利益①，这种自我的特质与员工在工作中需要规避风险，为未来做准备的价值观没有矛盾。

5.9.2 分配公平与程序公平不会影响员工工作投入产生绩效

分配公平与程序公平对工作投入与任务绩效均没有调节作用。这说明员工在评估与组织的交换过程中，如果认为付出的工作投入与得到的组织报酬之间的交换关系是平等的，将会产生任务绩效，即付出多少工作投入，也会产生等额的任务绩效。这一交换关系与分配公平、程序公平程度的高低均没有关系。任务绩效是与工作产出直接相关的能够直接对其工作结果进行评价的绩效指标②。在销售团队中，销售业绩是由销售员工的工作投入所决定的，顾客才是销售人员最重要的目标，销售人员的任务绩效直接取决于顾客，因此销售团队内部的分配公平与程序公平程度对于销售人员的业绩影响不大。销售人员只有依靠自身的努力，才能完成销售目标。

5.9.3 分配公平与程序公平不影响员工工作投入与工作倦怠之关系

分配公平与程序公平对工作投入与工作倦怠均没有调节作用。Bakker 和 Schaufeli③ 认为，当员工付出工作投入时，会表现出积极、主动并且乐于和他人互动的行为，反之，当员工产生工作倦怠时，会因为身心的疲惫及对工作的冷漠，

---

① Pincus A L, Lukowitsky M R. Pathological narcissism and narcissistic personality disorder[J]. Annual Review of Clinical Psychology, 2009, 6(1): 421-446.

② Motowidlo S J, Van Scotter, J. R. Evidence that task performance should be distinguished from contextual performance[J]. Journal of Applied Psychology, 1994, 79(4): 475-480.

③ Bakker A B, Schaufeli W B, Leiter M P, et al. Work engagement: An emerging concept in occupational health psychology[J]. Work & Stress, 2008, 22(3): 187-200.

表现出消极、被动的行为。工作投入代表了一种积极的有动机的状态，而工作倦怠则代表了一种消极的无动机的状态，两者可以被视为是对立的关系①。因此，只要员工积极地投入工作时，就不会产生工作倦怠，分配公平与程序公平不会造成任何的影响。

5.9.4 程序公平不会使员工工作投入产生更多正面效应

程序公平对工作投入与组织公民行为没有调节作用。程序公平主要是员工在组织决策程序和方法的公平性上的感受，因为销售员工在从事销售工作时，对于销售工作上的决策程序很清楚，销售工作的决策程序也是销售团队事先确定的，因此程序公平对员工的工作投入过程不会有影响。

5.9.5 互动公平在人际交往密集的工作中没有作用

互动公平没有任何调节作用。互动公平是组织成员对决策过程中人际互动是否符合公平的认知，亦即在决策过程中，领导者能否以尊重、真诚、关怀的态度来对待员工。因为销售人员善于与顾客、销售主管互动，本来与销售主管的互动就比较频繁，销售主管也比较关心员工的销售业绩，因此在人际互动密集的工作上，互动公平发生不了调节作用。

---

① Schaufeli W B, Bakker A B, Rhenen W V. How changes in job demands and resources predict burnout, work engagement, and sickness absenteeism[J]. Journal of Organizational Behavior, 2009, 30(7): 893-917.

第 6 章　研究结论与建议

本章节首先针对前述第一章中提出的研究问题和研究目的，得出本研究的结论以回应研究问题和研究目的，并提出对应的建议；其次总结出本研究的贡献，并对研究局限性与今后的改进方向进行阐述。

6.1　研究结论

根据第一章中提出的研究问题和研究目的，得出本研究的研究结论，即员工愿意积极地付出工作投入，主要是受其价值观的影响。员工首先用价值观去判断能否从组织获得报酬，若员工认为能够从组织获得报酬，则他们愿意去积极地付出工作投入，因此价值观可以作为员工是否付出工作投入的依据。

虽然在传统销售行业，销售工作的特征倾向于个人主义和低不确定性规避价值观，但是本研究证实在中国文化背景之下，由于中国人重视集体主义和高不确定性规避价值观，因此具有这两种价值观的员工能够更好地付出工作投入，得到更好的个人行为结果。由于价值观在东西方存在差异，本研究将东西方文化背景因素与销售行业的工作特征相结合，证实员工的文化价值观因素优于传统工作特征。

6.1.1　员工愿意付出工作投入主要是受其价值观影响

对工作投入前因变量的研究假设均获得支持。集体主义和高不确定性规避价值观的员工，能够积极地付出工作投入，产生比较好的绩效结果。以往研究说明高度的工作绩效通常需要高度的工作投入①，但是仅依靠员工高度的工作投

---

① Rich B L, LePine J A, Crawford E R. Job engagement: Antecedents and effects on job performance[J]. Academy of Management Journal, 2010, 53(3): 617-635.

入有可能会带来工作倦怠[①]，不一定带来高工作绩效。按照社会交换理论的观点，若员工评估付出的工作投入超过获得的组织报酬时，有可能就会导致负面的个人行为结果。

由于价值观是个人对工作持久性的信念，能反映个人的需求与个人重视的工作类型或环境偏好，并引导个人的工作行为，可作为个人追求工作目标的方向和选择工作时的标准。员工的价值观会影响个人加入与留在组织，并为组织努力工作的意愿。若员工的价值观能够给所从事的工作带来优势，积极地付出工作投入就能够带来更好的工作绩效。比如本研究证实了在销售行业中，集体主义和高不确定性规避价值观的销售人员与个人主义和低不确定性规避价值观的销售人员相比，能够更好地开展销售工作，从而有可能得到更好的工作绩效。

6.1.2 员工积极的工作投入能够带来正面的个人行为结果

本研究证实了从集体主义和高不确定性规避价值观出发，员工积极地付出工作投入能够促进正面的个人行为结果，抑制负面的个人行为结果。工作投入代表了一种积极的有动机的状态，当员工工作投入时，就会表现出积极主动的正向情感，全身心地投入工作。当员工积极地工作投入时，表明员工认为积极的工作投入将可能会得到更多的组织报酬，因此他们将会有更加努力地投入工作，从而产生任务绩效和组织公民行为，降低工作倦怠和反生产行为的发生率。

6.1.3 集体主义和高不确定性规避价值观比个人主义和低不确定性规避价值观有更好的工作投入

本研究证实在中国文化背景之下，集体主义和高不确定性规避价值观的员工，可能会更好地付出工作投入，产生更好的工作绩效。按照社会交换理论的观点，员工的工作投入，是为了获取组织给予的报酬，报酬可以是实物的金钱报酬，也可以是诸如荣誉、尊重等无形的报酬。在中国文化背景之下，集体主义和高不确定性规避价值观的销售人员的销售类型属于稳定的合作型销售，可以有效地享受销售合作性、降低销售成本、避免销售风险，以及对公司有高忠诚度和保持对工作的紧迫感和进取心，因此集体主义和高不确定性规避价值观的销售人员

① Schaufeli W B, Bakker A B. Job demands, job resources, and their relationship with burnout and engagement: A multi-sample study[J]. Journal of Organizational Behavior, 2004, 25(3): 293-315.

与个人主义和低不确定性规避价值观的销售人员相比,能够更好地开展销售工作,即更好地付出工作投入。集体主义和高不确定性规避价值观的销售人员的工作投入能够更好地得到销售团队的尊重和认可,以及趋向于稳定的工作保障,从而有可能得到更好的工作绩效。

6.1.4 主管魅力领导的积极作用

主管的魅力领导具有调节效应,说明当员工用价值观评价与组织的交换过程中,主管的魅力领导水平越高,员工由于受到主管魅力领导的吸引,可能越愿意接受主管的指令和要求,越愿意与组织进行交换,积极地付出工作投入。因此,具有魅力影响的领导者不仅为其追随者树立了价值观和信仰的榜样,而且也会有意识地采取设计好的行动,使追随者对他们的看法有利。员工的集体主义和高不确定性规避价值观受到主管魅力领导的吸引,员工就更加愿意接受主管的指令与要求,积极地付出工作投入。

6.1.5 员工自恋的负面影响

员工自恋仅负向影响集体主义与工作投入之关系,说明员工越自恋,越注重自我,受到自我的吸引力越大,因此高度自恋的员工,在用价值观评估是否付出工作投入时,对自己的评价比较高,很可能就难以融入群体及在群体中付出工作投入以获得组织的认可或尊重。当一个人过度自恋时,便会形成自恋型人格障碍(narcissistic personality disorder, NPD),其基本特征是对自我价值感的夸大和缺乏对他人的共感性(synesthesia)。这类人认为自己比周边的人都完美,也强迫别人认可自己,无根据地夸大自己的成就和才干①,因此过度自恋的人很难融入群体,获得别人的认可。

6.1.6 分配公平对员工的工作投入产生积极的影响

组织公平与个人绩效的关系主要体现于分配公平和程序公平对绩效的影响。如果个人对自己的付出(cost)与回报(return)感到公平,他就会爱岗敬业,努力工作;否则就可能降低努力程度,消极怠工,最多达到工作要求。而实现程序公平,能保证员工的长期利益,对绩效产生积极的影响。

---

① Levy K N, Reynoso J S, Wasserman R H, et al. Narcissistic personality disorder[J]. Practice Nurse, 2007, 51(7): 23-43.

分配公平对工作投入与组织公民行为之关系起到正向调节作用。分配公平是指员工对组织报酬的分配结果是否公平的感受。由于员工在工作投入之后，对于从组织那里得到的报酬的衡量是主观的，可能会觉得公平或不公平。如果员工对组织报酬的分配结果感受越公平的话，在评估与组织的交换过程中，可能就会觉得组织给予的报酬远远多于自身付出的劳动，因此将可能会对组织产生感激之情，进而产生组织公民行为。当员工从事此类行为时，并不一定在乎是否能获得组织的酬赏。

公平理论说明若要提升员工的工作绩效，就必须增进员工对公平的正向认知，而且员工不是依照报酬的绝对价值或是管理者认为的价值来认定，而是依照员工认为自己值多少的价值来做决定①。因此，销售主管要重视销售团队对报酬分配结果的公平性，并且需要让工作投入多的员工的报酬更高，可以实行阶梯式薪酬（staircase salary），例如加班的员工可以给予双倍工资。若让员工感受到组织给予的报酬比自身付出的工作投入还要高，就能够提高员工的组织公民行为。

6.1.7 分配公平和程序公平能降低员工工作投入的负面效应

分配公平与程序公平均会对工作投入与反生产行为有负向的调节作用。程序公平是指员工对组织决策过程所使用之方法及机制是否符合公平的感受。Watson，Pennebaker 和 Folger② 提出的认知参考理论（referent cognitions theory），主要是注重人们对于出现不公平状况时所产生的反应，而尝试把分配公平与程序公平的观念整合。也就是说，当组织的决策者认为对员工有利而做出决定时，员工又同时知道另一种程序则会产生不同的结果，此时员工就会认为这样的分配是较不公平的，并且会显现出愤慨的情绪反应；只要是员工自行进行的决定，就会被认为是比较公平的。研究说明了只要基本的报酬和奖赏分配结果、组织决策程序和方法的公平性得到保证，并且让员工积极地参与组织的决策，员工就会认为组织的公平性得到保证，从而可能就会积极地付出工作投入，不会产生负面的反生产行为。

---

① Huseman R C, Hatfield J D, Miles E W. A new perspective on equity theory: The equity sensitivity construct[J]. Academy of Management Review, 1987, 12(2): 222-234.

② Watson D, Pennebaker J W, Folger R. Beyond negative affectivity: Measuring stress and satisfaction in the workplace[J]. Journal of Organizational Behavior Management, 1987, 8(2): 141-158.

6.2 研究建议

针对上述研究结论，本研究提出相应的理论建议和管理实务建议，希望对理论学术研究和组织经营与管理实务提供帮助。具体阐述如下：

6.2.1 理论建议

理论建议主要是从学术研究上考虑价值观对工作投入的影响，以及工作投入带来正面影响。

1. 价值观对工作投入的积极影响

在以往对员工工作投入的研究大多数是基于工作资源、工作要求，或者是个人资源等角度，这些均属于非积极的驱动因素（non-active driving factors），员工主观地去评价是否付出工作投入始终取决于其价值观，因此价值观对工作投入具有积极的影响。

2. 积极的工作投入能够抑制负面的影响

工作投入代表了一种积极的有动机的状态，当员工工作投入时，就会表现出积极主动的正向情感，全身心地投入工作。当员工积极地工作投入时，表明员工认为积极的工作投入将可能会得到更多的组织报酬，因此他们将会有更加努力的工作投入，从而降低负面的个人行为结果。

3. 文化背景因素优于传统工作特征

虽然在传统销售行业，销售工作的特征倾向于个人主义和低不确定性规避价值观，但是本研究证实了在中国文化背景之下，由于中国人重视集体主义和高不确定性规避价值观，因此具有这两种价值观的员工能够更好地付出工作投入，得到更好的个人行为结果。由于价值观在东西方存在差异，本研究将东西方文化背景因素与传统销售行业的工作特征相结合，证实了员工的文化价值观因素优于传统工作特征。

6.2.2 管理实务建议

管理实务建议主要是针对组织的经营与管理提出相应的建议，尤其是对于电脑销售行业，提出一些有建设性的建议。

1. 在销售行业中组织应招聘集体主义和高不确定性规避价值观的员工

价值观是个人在早期社会化过程中形成的一种对客观事物的看法或评价，

具有相对的稳定性和持久性，在特定的时间、地点、条件下，人们的价值观总是相对稳定和持久的。因此在价值观方面，组织应该招募和选拔集体主义和不确定性规避价值观高的员工，这类员工在某些特定行业，比如销售行业，能够积极地付出工作投入，从而带来更好的工作绩效。组织需要员工的工作投入是一种稳定、持久、群体性的积极工作状态，这种工作投入状态在销售行业符合集体主义和高不确定性规避价值观倾向的员工的特征。

2. 重视销售团队中的主管魅力领导的作用

员工由于受到主管魅力领导的吸引，可能更加愿意接受主管的指令和要求，更加愿意与组织进行交换，积极地付出工作投入。因此，在销售团队中，销售主管的魅力领导水平越高，他们能够给追随者较高的期望和信心，对下属的吸引力就越强，能够使集体主义和高不确定性规避价值观的员工更好地付出工作投入。因此组织在选拔部门主管时，应该优先选用魅力领导水平较高的人，主管应具有企业家精神，能够鼓舞人心，对部门的规划有远见。

3. 低自恋的员工适合从事团体性的销售工作

高度自恋的员工，受到自我的吸引，在用价值观评估是否付出工作投入时，对自己的评价比较高，很可能就难以融入群体及在群体中付出工作投入以获得组织的认可或尊重。高度的自恋，说明员工过于注重自我，比较喜欢自己，而不太关注群体的利益，重视自我利益高于群体利益。研究说明低自恋的员工可能比较适合从事团体性的销售工作。

4. 增加员工的组织公民行为需要重视分配公平

分配公平是指员工对组织报酬的分配结果是否公平的感受。由于员工在工作投入之后，对于从组织那里得到的报酬的衡量是主观的，可能会觉得公平或不公平。如果员工对组织报酬的分配结果感受越公平的话，在评估与组织的交换过程中，可能就会越觉得组织给予的报酬远远多于自身付出的劳动，因此将可能会对组织产生感激之情，进而产生组织公民行为。当员工从事此类行为时，并不一定在乎是否能获得组织的酬赏。因此，销售主管要重视销售团队对报酬分配结果的公平性，并且需要让工作投入多的员工的报酬更高，可以实行阶梯式薪酬，例如加班的员工可以给予双倍工资。若让员工感受到组织给予的报酬比自身付出的工作投入还要高，就能够提高员工的组织公民行为。

5. 减少员工反生产行为需要重视分配公平与程序公平

组织公平与个人绩效的关系主要体现于分配公平和程序公平对绩效的影响。如果个人对自己的付出与回报感到公平，他就会爱岗敬业，努力工作；否则就可能降低努力程度，消极怠工，最多达到工作要求。而实现程序公平，能保证员工的长期利益，对绩效产生积极的影响。

基于前述认知参考理论的观点，当员工认为自己做的决定与组织的决策者安排的决定和程序基本相似时，员工就会认为组织的公平程度较高。研究说明了只要基本的报酬和奖赏分配结果、组织决策程序和方法的公平性得到保证，并且让员工积极地参与组织的决策，员工就会认为组织的公平性得到保证，可能就会积极地付出工作投入，不会产生负面的反生产行为。

6.3　研究贡献

6.3.1　由社会交换理论探讨员工工作投入可能产生的行为结果

过去采用社会交换理论对员工工作行为的研究，大多数是基于员工与组织的交换关系，并未涉及交换后可能会产生个人行为结果的讨论。本研究由社会交换理论，探讨员工在评估与组织的交换过程中，依据其付出的工作投入和得到的组织报酬之间的交换关系，可能会产生不同的个人行为结果，依次为任务绩效、组织公民行为、工作倦怠与反生产行为。根据社会交换理论的原理，本研究构建了员工工作投入的前因与结果。

6.3.2　拓展了对工作投入前因与后果的研究

以往对于影响工作投入的前因因素的研究，大多数是基于工作资源、工作要求等方面，但是工作资源与工作要求是基于组织层面提出的，但本研究认为，从个人价值观的视角，工作投入对组织产生的影响结果更为强烈，因为员工在工作中遇到工作挑战或挫折，不能仅用工作资源来解决问题，即员工的工作投入不是通过资源的变化就能提高工作投入。现有研究普遍将工作投入界定为稳定、持久、具有倾向性的积极工作状态，并不是一种短暂(transient)的体验。因此通过工作资源的变化仅能解决短期内的工作投入问题，员工持久性的工作投入还是要靠员工的价值观来实现。

而对于工作投入的影响结果，多数研究认为工作投入对员工个人和组织都有正面的影响结果。本研究按照社会交换理论的观点，认为员工在工作投入之后，对于从组织那里得到的报酬的衡量是主观的，可能会觉得公平或不公平。因此员工在评估与组织的交换过程中，依据其付出的工作投入和得到的组织报酬，可能会产生不同的个人行为结果。因此本研究从个人价值观角度出发，结合社会交换理论的观点，拓展了对员工工作投入前因与后果的研究。

6.3.3 研究结论适用于中国文化背景下价值观对工作投入的影响研究

Hofstede 在提出集体主义、个人主义、不确定性规避等文化价值观的差异时，也比较了不同国家和社会中文化价值观的差异性。由于在中国文化价值观背景下，比较重视集体主义和高不确定性规避价值观的员工，因此本研究在中国文化价值观背景下得出的研究结论，有可能只适用于中国文化背景之下员工价值观对工作投入的影响研究。而在西方社会，有可能个人主义和低不确定性规避价值观的员工的工作投入程度更高。

6.3.4 研究结论适用于小公司员工价值观对工作投入的影响研究

本研究的抽样对象主要是小型的电脑销售公司，因为选择较多的小公司进行抽样调查，在销售人员的价值观上，选择更加多样化，而大公司组织文化高度统一，组织招聘的员工可能具有高度相似的价值观，因此本研究的结论可能适用于小公司员工价值观对工作投入的影响研究。

6.4 研究局限性与改进措施

首先，本研究基于人力与物力的限制，仅对中国南京市的电脑销售公司的销售人员进行调查。因此，本研究所得结论，对其他产业管理的通则化(generalization)与应用参考上可能会有其局限性。其次，本研究采取横断面研究方法(cross-sectional study)，仅在某一特定时间对某一定范围内的群体，以个体为单位收集和描述工作的特征。另外本研究采用便利抽样(convenience sampling)的方法，事先通过熟人介绍，与研究对象取得联系，在抽样方法上可能存在一定的局限性。

本研究是在中国文化背景脉络下，探讨员工价值观对工作投入的影响，集体主义与高不确定性规避价值观更像是一种高度的服从性和规范化，研究结论有可能仅适用于中国文化背景的价值观。比如在美国社会，有可能个人主义和低不确定性规避价值观的员工能够更好地投入工作。

因此，建议在后续研究中，可以将研究对象扩展至其他地域范围和产业，以提高研究结果的参考价值。另外，可以采用纵断面研究方法(longitudinal studies)在比较长的时间内对相同研究对象进行系统性的定期研究，或者从时间的发展过程中考察研究对象。此外，在抽样方法的选择上，可以采取更科学严谨的抽样方法，比如随机抽样(random sampling)。

在探讨员工价值观对工作投入的影响时，可能需要考虑不同国家文化背景下价值观的差异性，因此在研究样本的选择中，可以考虑选择不同文化背景下员工，研究其价值观对工作投入的影响。

附　　录

A　标准化因子负荷量

变量	维度(题项)	标准化因子负荷	CR	AVE
集体主义	co1	0.78	0.92	0.63
	co2	0.77		
	co3	0.82		
	co4	0.80		
	co5	0.76		
	co6	0.88		
	co7	0.76		
不确定性规避	ua1	0.70	0.89	0.54
	ua2	0.75		
	ua3	0.75		
	ua4	0.75		
	ua5	0.74		
	ua6	0.74		
	ua7	0.71		
任务绩效	tp1	0.86	0.96	0.66
	tp2	0.87		
	tp3	0.87		
	tp4	0.88		
	tp5	0.90		
	tp6	0.85		
	tp7	0.81		
	tp8	0.73		
	tp9	0.77		
	tp10	0.79		
	tp11	0.58		

(续表)

变量	维度(题项)	标准化因子负荷	CR	AVE
工作投入	专注	0.79	0.78	0.54
	奉献	0.72		
	活力	0.69		
工作倦怠	去人性化	0.73	0.69	0.42
	个人成就感	0.59		
	情绪耗竭	0.63		
组织公民行为	指向个人的组织公民行为	0.80	0.64	0.48
	指向组织的组织公民行为	0.57		
反生产行为	人际反生产行为	0.74	0.73	0.58
	组织反生产行为	0.79		
魅力领导	cle1	0.74	0.98	0.67
	cle2	0.85		
	cle3	0.80		
	cle4	0.84		
	cle5	0.81		
	cle6	0.79		
	cle7	0.83		
	cle8	0.86		
	cle9	0.80		
	cle10	0.83		
	cle11	0.84		
	cle12	0.84		
	cle13	0.82		
	cle14	0.80		
	cle15	0.87		
	cle16	0.81		
	cle17	0.77		
	cle18	0.79		
	cle19	0.82		
	cle20	0.81		

（续表）

变量	维度(题项)	标准化因子负荷	CR	AVE
自恋	nae1	0.81	0.96	0.59
	nae2	0.85		
	nae3	0.81		
	nae4	0.82		
	nae5	0.84		
	nae6	0.80		
	nae7	0.83		
	nae8	0.84		
	nae9	0.82		
	nae10	0.81		
	nae11	0.72		
	nae12	0.65		
	nae13	0.66		
	nae14	0.69		
	nae15	0.72		
	nae16	0.63		
分配公平	dj1	0.82	0.91	0.68
	dj2	0.88		
	dj3	0.79		
	dj4	0.84		
	dj5	0.79		
程序公平	pj1	0.78	0.88	0.56
	pj2	0.73		
	pj3	0.74		
	pj4	0.75		
	pj5	0.74		
	pj6	0.76		

（续表）

变量	维度(题项)	标准化因子负荷	CR	AVE
互动公平	ij1	0.84	0.95	0.70
	ij2	0.86		
	ij3	0.84		
	ij4	0.87		
	ij5	0.82		
	ij6	0.84		
	ij7	0.84		
	ij8	0.75		
	ij9	0.84		

B　量表说明

因员工不能评价自己的工作情况，因此工作投入、工作绩效（包含任务绩效、组织公民行为、反生产行为）用主管评价员工数据，其余变量用员工自评数据。

1. 集体主义

题项	描述
co1	对我来说，快乐是与他人在一起
co2	我会尽量避免与团队中的成员有不同意见
co3	我的行为取决于我与谁在一起，我在哪里，或者两者都有
co4	如果一个亲戚遇到经济困难，在我力所能及的范围内，我会帮助的
co5	我宁愿做一个小组里的任务，而不是一个人做一个单独的任务
co6	在做出决定之前，我总是和别人商量
co7	想要了解我是谁，你必须见我的小组成员

2. 不确定性规避

题项	描述
ua1	比起灵活多变的工作任务和要求，我更喜欢固定、事先确定好的工作内容和流程
ua2	我更喜欢具体、详细的工作指令，而不是笼统、粗略的指导方针
ua3	当我不知道事情的结果时，我很容易焦虑
ua4	当我不能够预测事情的后果时，我会感到压力
ua5	当一个事情的结果不能被预料到，我不会冒险行动
ua6	如果只是务实的理由，我认为既定的规则不能被打破
ua7	我不喜欢模棱两可、含糊不清的情境

3. 魅力领导

题项	描述
cle1	主管会通过相互的喜欢和尊重来影响他人
cle2	为了实现组织日标，主管会用非常规的行为
cle3	主管具有企业家的精神，会抓住新的机遇去实现目标
cle4	主管会对组织中其他成员的需求显示出敏感性
cle5	主管会用非传统的手段去实现组织目标

(续表)

题项	描述
cle6	主管很容易认识到新的环境机会(良好的物理和社会条件)可能有助于实现组织目标
cle7	主管会提出鼓舞人心的战略和组织目标
cle8	主管很容易识别物理环境中的约束(技术限制、资源缺乏等),这些约束可能会阻碍组织目标的实现
cle9	为了组织的利益,主管个人甘愿冒很大的风险
cle10	主管能够通过有效地阐明组织成员所做事情的重要性来激励员工
cle11	主管能够持续为组织的未来产生新的想法
cle12	主管是一个令人兴奋的公众演说家
cle13	主管通常表达出组织成员个人关心的需要和情感
cle14	主管通常表现出非常独特的行为,能惊喜到其他组织成员
cle15	主管能够确认组织中其他成员的能力和技能
cle16	为了组织好的发展,主管通常花费很高的个人成本
cle17	主管很有远见,经常带来对未来可能性的想法
cle18	主管很容易识别组织社会和文化环境中的制约因素,这些因素可能会阻碍组织目标的实现
cle19	主管能够确认组织其他成员的局限性
cle20	为了追求组织目标,主管会从事涉及相当大个人风险的活动

4. 自恋

题项	描述
nae1	当别人称赞我时,我感觉很自豪
nae2	我想成为众人关注的焦点
nae3	我觉得自己很特别
nae4	我喜欢对别人有权威性
nae5	我喜欢影响其他人
nac6	我一定要得到应有的尊重
nae7	我一有机会就会表现自己
nae8	我总是知道自己在做什么
nae9	每个人都喜欢听我分享的事情

（续表）

题项	描述
nae10	我期望得到别人的帮助
nae11	在人群中受到注目，令我感到满意
nae12	对我来说，作为一个有权势的人并不是什么大不了的事
nae13	我将会成为一个了不起的人
nae14	我能很容易让他人相信我说的任何事
nae15	我比别人更能干
nae16	我是个与众不同的人

5. 工作投入

	题项	描述
活力	je1	该员工早晨起床时，感觉像是去工作
	je2	该员工在工作中，感觉充满活力
	je3	即使工作不如意，该员工仍然很坚持
	je4	该员工能够一次持续工作很长时间
	je5	该员工在工作思维上很活跃
	je6	该员工在工作中感觉精力很充沛
奉献	je7	对该员工来说，工作具有挑战性
	je8	该员工的工作激励着他
	je9	该员工对工作很有激情
	je10	该员工对他所做的工作感到很骄傲
	je11	该员工感到他所做的工作很有意义和目标性
专注	je12	当该员工在工作时，他会忘记周围的一切
	je13	该员工在工作时，感觉时间过得飞快
	je14	该员工在工作时很专注
	je15	很难将该员工从他的工作中抽离开来
	je16	该员工会沉浸于他所做的工作
	je17	当该员工专注于工作时，会感到很开心

6. 组织公平

	题项	描述
分配公平	dje1	我的工作日程安排是合理的
	dje2	相对于我的工作量，我觉得薪资是合理的
	dje3	我认为的工作负荷是公平合理的
	dje4	整体而言，在这公司我所得到的奖励报酬是公平的
	dje5	我认为所负担的责任是合理的
程序公平	fpe1	我的主管在做决策时，是不会偏心的
	fpe2	我的主管在做决策之前，会倾听所有员工的心声
	fpe3	我的主管在做决策之前，会搜集正确且完整的信息
	fpe4	当员工要求解释某项决策时，我的主管会说明清楚并提供额外的信息
	fpe5	公司里所有跟工作有关的决策，对受影响的员工都一致适用
	fpe6	公司员工可以对主管的决策提出质疑或不同的意见
互动公平	ije1	在做跟我工作有关的决策时，我的主管会用同理心来善待我
	ije2	在做跟我工作有关的决策时，我的主管会以尊重的方式对待我
	ije3	在做跟我工作有关的决策时，我的主管会考虑到我个人的需求
	ije4	在做跟我工作有关的决策时，我的主管会用真诚的态度跟我讨论
	ije5	在做跟我工作有关的决策时，我的主管会关心我应有的权利
	ije6	在做跟我工作有关的决策时，我的主管会和我讨论决策背后的意义与影响
	ije7	在做跟我工作有关的决策时，我的主管会提供充分的理由
	ije8	在做跟我工作有关的决策时，我的主管会提供让我觉得合理的解释
	ije9	在做跟我工作有关的决策时，我的主管会解释得非常清楚

7. 工作倦怠

	题项	描述
情绪耗竭	jbe1	我感觉精神上被工作抽空了
	jbe2	我感觉在每个工作日结束时，用尽了所有力气
	jbe3	当我早晨起床时，我感到很疲惫，还要去面对另一天的工作
	jbe4	整天和人打交道使我感到很有压力
	jbe5	我感觉被工作掏空了
	jbe6	我感觉工作很挫折
	jbe7	我感觉我工作上过于努力
	jbe8	与人直接在一起工作使我承受了太多压力
	jbe9	我感觉我到了世界末日
个人成就感（反向题项）	jbe10	我很容易就可以明白他人的感受
	jbe11	我能很有效地处理他人的问题
	jbe12	我感觉到我能够通过我的工作积极的影响他人的生活
	jbe13	我感觉我充满活力
	jbe14	我可以容易地与他人营造一个轻松的气氛
	jbe15	当我与他人工作后，我感到很兴奋
	jbe16	我在工作上已经完成了许多有意义的事情
	jbe17	在工作中，我能够很冷静地处理情感问题
去人性化	jbe18	我觉得我对待他人，就好像他们是非人的对象
	jbe19	自从我工作后，我变得对人很无情
	jbe20	我担心工作会使我情绪化
	jbe21	我真的不在乎他人会发生什么
	jbe22	我觉得他人会因为一些问题而责备我

8. 任务绩效

题项	描述
tp1	该员工的工作量超过平均水平
tp2	该员工的工作质量超过平均水平
tp3	该员工的工作效率超过平均水平
tp4	该员工的工作质量标准高于一般的工作标准
tp5	该员工努力追求更高的工作质量
tp6	该员工坚持最高的职业标准
tp7	该员工有能力完成核心工作任务
tp8	在执行核心工作任务时,对该员工的评价
tp9	在执行核心工作任务时,该员工的精确性
tp10	该员工关于核心工作任务的工作知识
tp11	在执行核心工作任务时,该员工的创造力

9. 组织公民行为

	题项	描述
指向个人的组织公民行为	ocb1	该员工会帮助其他缺勤的人
	ocb2	该员工愿意付出自己的时间去帮助其他遇到工作相关问题的人
	ocb3	该员工会调整自己的工作计划以适应其他员工的请假要求
	ocb4	该员工煞费心思让新来的员工感受到欢迎
	ocb5	该员工即使在最艰难的工作或个人情况下,对同事也表示真诚的关心和礼貌
	ocb6	该员工放弃自己的时间去帮助其他有工作或非工作问题的人
	ocb7	该员工会协助他人完成工作职责
	ocb8	该员工会与他人分享个人所有,以帮助他们的工作

（续表）

	题项	描述
指向组织的组织公民行为	ocb9	该员工会参加没有被要求但有助于组织形象的工作
	ocb10	该员工与组织保持同步发展
	ocb11	当其他员工批评组织时，该员工会为组织辩护
	ocb12	该员工在公共场合代表组织时，显得很自豪
	ocb13	该员工会提出一些想法去改进组织的功能
	ocb14	该员工对组织表达忠诚
	ocb15	该员工会采取行动保护组织远离潜在的问题
	ocb16	该员工会关注组织的形象

10. 反生产行为

	题项	描述
人际反生产行为	cwb1	该员工在工作中嘲笑别人
	cwb2	该员工在工作中说伤害同事的话
	cwb3	该员工在工作中发表伦理、宗教或种族的言论或玩笑
	cwb4	该员工在工作中咒骂他人
	cwb5	该员工在工作中对他人做下流的恶作剧
	cwb6	该员工在工作中对他人表现粗鲁
	cwb7	该员工在工作中公开地羞辱他人
组织反生产行为	cwb8	该员工未经许可拿走工作中的办公用品
	cwb9	该员工花费太多时间幻想或做白日梦，而不是工作
	cwb10	该员工伪造发票去报销的钱超过工作中的开支
	cwb11	该员工在工作中休息的时间超过允许时间
	cwb12	该员工未经允许迟到
	cwb13	该员工的工作环境一团糟
	cwb14	该员工不遵守老板的指令
	cwb15	该员工故意放慢工作速度
	cwb16	该员工与外部人士讨论公司的机密信息
	cwb17	该员工工作时使用违禁药物或饮酒
	cwb18	该员工在工作上花费很少的努力
	cwb19	该员工故意拖延工作为了获得加班费

C　主管问卷A与员工问卷B

编码：

研究问卷(A)

亲爱的先生/女士您好，谢谢您百忙之中抽空填写这份问卷。本问卷目的是了解您对自己个人行为的看法。您的填写将对本研究有很大的贡献。

本问卷的填答结果绝不做个别的处理与披露，所有的数据完全保密，请您放心如实地填答。整份问卷填答时间约为10～15分钟。本问卷的每个题目并没有所谓的对或错，我们从以往的研究得知，不同的人对这些问题有不同的看法。请详细阅读每一部分的答题说明，再根据您个人真实的感受或想法来回答每一题。您的每个回答都会直接影响到研究结果，所以请您务必填答每个问题，不要漏答任何一题。

谢谢您的合作。祝您身体健康、事业进步！

【第一部分】 如下是您对自己下属员工工作绩效考核评价，请您在"□"上填入"1～5"(填写说明：1～非常不同意；2～较不同意；3～同意；4～较同意；5～非常同意)。

		员工1	员工2	员工3	员工4	员工5	员工6
tp1	该员工的工作量超过平均水平						
tp2	该员工的工作质量超过平均水平						
tp3	该员工的工作效率超过平均水平						
tp4	该员工的工作质量标准高于一般的工作标准						
tp5	该员工努力追求更高的工作质量						
tp6	该员工坚持最高的职业标准						
tp7	该员工有能力完成核心工作任务						
tp8	在执行核心工作任务时，对该员工的评价						
tp9	在执行核心工作任务时，该员工的精确性						
tp10	该员工关于核心工作任务的工作知识						
tp11	在执行核心工作任务时，该员工的创造力						
ocb1	该员工会帮助其他缺勤的人						
ocb2	该员工愿意付出自己的时间去帮助其他遇到工作相关问题的人						
ocb3	该员工会调整自己的工作计划以适应其他员工的请假要求						
ocb4	该员工煞费心思让新来的员工感受到欢迎						

（续表）

		员工1	员工2	员工3	员工4	员工5	员工6
ocb5	该员工即使在最艰难的工作或个人情况下，对同事也表示真诚的关心和礼貌						
ocb6	该员工放弃自己的时间去帮助其他有工作或非工作问题的人						
ocb7	该员工会协助他人完成工作职责						
ocb8	该员工会与他人分享个人所有，以帮助他们的工作						
ocb9	该员工会参加没有被要求，但有助于组织形象的工作						
ocb10	该员工与组织保持同步发展						
ocb11	当其他员工批评组织时，该员工会为组织辩护						
ocb12	该员工在公共场合代表组织时，显得很自豪						
ocb13	该员工会提出一些想法去改进组织的功能						
ocb14	该员工对组织表达忠诚						
ocb15	该员工会采取行动保护组织远离潜在的问题						
ocb16	该员工会关注组织的形象						
cwb1	该员工在工作中嘲笑别人						
cwb2	该员工在工作中说伤害同事的话						
cwb3	该员工在工作中发表伦理、宗教或种族的言论或玩笑						
cwb4	该员工在工作中咒骂他人						
cwb5	该员工在工作中对他人做下流的恶作剧						
cwb6	该员工在工作中对他人表现粗鲁						
cwb7	该员工在工作中公开地羞辱他人						
cwb8	该员工未经许可拿走工作中的办公用品						
cwb9	该员工花费太多时间幻想或做白日梦，而不是工作						

(续表)

		员工 1	员工 2	员工 3	员工 4	员工 5	员工 6
cwb10	该员工伪造发票去报销的钱超过工作中的开支						
cwb11	该员工在工作中休息的时间超过允许时间						
cwb12	该员工未经允许迟到						
cwb13	该员工的工作环境一团糟						
cwb14	该员工不遵守老板的指令						
cwb15	该员工故意放慢工作速度						
cwb16	该员工与外部人士讨论公司的机密信息						
cwb17	该员工工作时使用违禁药物或饮酒						
cwb18	该员工在工作上花费很少的努力						
cwb19	该员工故意拖延工作为了获得加班费						

【第二部分】 以下是您对员工工作投入的评价，请您在"□"上填入"1～5"(填写说明：1～非常不同意；2～较不同意；3～同意；4～较同意；5～非常同意)。

je1	该员工早晨起床时，感觉像是去工作						
je2	该员工在工作中，感觉充满活力						
je3	即使工作不如意，该员工仍然很坚持						
je4	该员工能够一次持续工作很长时间						
je5	该员工在工作思维上很活跃						
je6	该员工在工作中感觉精力很充沛						
je7	对该员工来说，工作具有挑战性						
je8	该员工的工作激励着他						
je9	该员工对工作很有激情						

（续表）

		员工 1	员工 2	员工 3	员工 4	员工 5	员工 6
je10	该员工对他所做的工作感到很骄傲						
je11	该员工感到他所做的工作很有意义和目标性						
je12	当该员工在工作时，他会忘记周围的一切						
je13	该员工在工作时，感觉时间过得飞快						
je14	该员工在工作时很专注						
je15	很难将该员工从他的工作中抽离开来						
je16	该员工会沉浸于他所做的工作						
je17	当该员工专注于工作时，会感到很开心						

＊以下为个人基本数据，此数据仅供整体统计分析，绝不对外公开，请您放心填写。

1	性别： 男 □ 女 □
2	出生年：____________
3	学历：高中（含以下）□ 大专 □ 本科 □ 硕士（含以上）□
4	您的职位级别： 一般员工 □ 基层管理人员 □ 中层管理人员 □ 高层管理人员 □
5	您在此企业工作的年数：____________
6	您所在企业的性质：国有企业 □ 民营企业 □ 三资企业 □
7	您所在企业的规模：__________人
8	您所在团队的规模：__________人

本问卷到此结束，请再次确认是否每题均已回答，感谢您填答问卷！

编码：　　　　员工 1□　员工 2□　员工 3□　员工 4□　员工 5□　员工 6□

研究问卷(B)

亲爱的先生/女士您好，谢谢您百忙之中抽空填写这份问卷。本问卷目的是了解您对自己个人行为的看法。您的填写将对本研究有很大的贡献。

本问卷的填答结果绝不做个别的处理与披露，所有的数据完全保密，请您放心如实地填答。整份问卷填答时间约为 10～15 分钟。本问卷的每个题目并没有所谓的对或错，我们从以往的研究得知，不同的人对这些问题有不同的看法。请详细阅读每一部分的答题说明，再根据您个人真实的感受或想法来回答每一题。您的每个回答都会直接影响到研究结果，所以请您务必填答每个问题，不要漏答任何一题。

谢谢您的合作。祝您身体健康、事业进步！

【第一部分】 下列问题主要针对您价值观的相关问题，问题本身没有好与坏之分，就您个人的看法，请圈选最符合的实际状况的数字。数字越大表示该描述越符合实际情形。

		非常不同意	不同意	普通	同意	非常同意
		1	2	3	4	5
co1	对我来说，快乐是与他人在一起	□	□	□	□	□
co2	我会尽量避免与团队中的成员有不同意见	□	□	□	□	□
co3	我的行为取决于我与谁在一起，我在哪里，或者两者都有	□	□	□	□	□
co4	如果一个亲戚遇到经济困难，在我力所能及的范围内，我会帮助的	□	□	□	□	□
co5	我宁愿做一个小组里的任务，而不是一个人做一个单独的任务	□	□	□	□	□
co6	在做出决定之前，我总是和别人商量	□	□	□	□	□
co7	想要了解我是谁，你必须见我的小组成员	□	□	□	□	□
ua1	比起灵活多变的工作任务和要求，我更喜欢固定、事先确定好的工作内容和流程	□	□	□	□	□
ua2	我更喜欢具体、详细的工作指令，而不是笼统、粗略的指导方针	□	□	□	□	□
ua3	当我不知道事情的结果时，我很容易焦虑	□	□	□	□	□
ua4	当我不能够预测事情的后果时，我会感到压力	□	□	□	□	□

（续表）

		非常不同意	不同意	普通	同意	非常同意
		1	2	3	4	5
ua5	当一个事情的结果不能被预料到，我不会冒险行动	□	□	□	□	□
ua6	如果只是务实的理由，我认为既定的规则不能被打破	□	□	□	□	□
ua7	我不喜欢模棱两可、含糊不清的情境发生	□	□	□	□	□
【第二部分】 以下是想了解您对公司领导行为的观察，请勾选最符合您实际感受的选项。数字越大表示该描述越符合实际情形。						
cle1	主管会通过相互的喜欢和尊重来影响他人	□	□	□	□	□
cle2	为了实现组织目标，主管会用非常规的行为	□	□	□	□	□
cle3	主管具有企业家的精神，会抓住新的机遇去实现目标	□	□	□	□	□
cle4	主管会对组织中其他成员的需求显示出敏感性	□	□	□	□	□
cle5	主管会用非传统的手段去实现组织目标	□	□	□	□	□
cle6	主管很容易认识到新的环境机会（良好的物理和社会条件）可能有助于实现组织目标	□	□	□	□	□
cle7	主管会提出鼓舞人心的战略和组织目标	□	□	□	□	□
cle8	主管很容易识别物理环境中的约束（技术限制、资源短缺等），这些约束可能会阻碍组织目标的实现	□	□	□	□	□
cle9	为了组织的利益，主管个人甘愿冒很大的风险	□	□	□	□	□
cle10	主管能够通过有效地阐明组织成员所做事情的重要性来激励员工	□	□	□	□	□
cle11	主管能够持续为组织的未来产生新的想法	□	□	□	□	□
cle12	主管是一个令人兴奋的公众演说家	□	□	□	□	□
cle13	主管通常表达出组织成员个人关心的需要和情感	□	□	□	□	□

（续表）

		非常不同意	不同意	普通	同意	非常同意
		1	2	3	4	5
cle14	主管通常表现出非常独特的行为，能惊喜到其他组织成员	□	□	□	□	□
cle15	主管能够确认组织中其他成员的能力和技能	□	□	□	□	□
cle16	为了组织好的发展，主管通常花费很高的个人成本	□	□	□	□	□
cle17	主管很有远见，经常带来对未来可能性的想法	□	□	□	□	□
cle18	主管很容易识别组织社会和文化环境中的制约因素，这些因素可能会阻碍组织目标的实现	□	□	□	□	□
cle19	主管能够确认组织其他成员的局限性	□	□	□	□	□
cle20	为了追求组织目标，主管会从事涉及相当大个人风险的活动	□	□	□	□	□
【第三部分】 以下是针对您对自己性格方面的问题，就您个人的看法，请圈选最符合的实际状况的数字。数字越大表示该描述越符合实际情形。						
nae1	当别人称赞我时，我感觉很自豪	□	□	□	□	□
nae2	我想成为众人关注的焦点	□	□	□	□	□
nae3	我觉得自己很特别	□	□	□	□	□
nae4	我喜欢对别人有权威性	□	□	□	□	□
nae5	我喜欢影响其他人	□	□	□	□	□
nae6	我一定要得到应有的尊重	□	□	□	□	□
nae7	我一有机会就会表现自己	□	□	□	□	□
nae8	我总是知道自己在做什么	□	□	□	□	□
nae9	每个人都喜欢听我分享的事情	□	□	□	□	□
nae10	我期望得到别人的帮助	□	□	□	□	□
nae11	在人群中受到注目，令我感到满意	□	□	□	□	□
nae12	对我来说，作为一个有权势的人并不是什么大不了的事	□	□	□	□	□
nae13	我将会成为一个了不起的人	□	□	□	□	□
nae14	我能很容易让他人相信我说的任何事	□	□	□	□	□
nae15	我比别人更能干	□	□	□	□	□
nae16	我是个与众不同的人	□	□	□	□	□

（续表）

		非常不同意	不同意	普通	同意	非常同意
		1	2	3	4	5

【第四部分】 以下是针对您对自己工作方面的问题，就您个人的看法，请圈选最符合的实际状况的数字。数字越大表示该描述越符合实际情形。

jbe1	我感觉精神上被工作抽空了	□	□	□	□	□
jbe2	我感觉在每个工作日结束时，用尽了所有力气	□	□	□	□	□
jbe3	当我早晨起床时，我感到很疲惫，还要去面对另一天的工作	□	□	□	□	□
jbe4	整天与人打交道使我感到很有压力	□	□	□	□	□
jbe5	我感觉被工作掏空了	□	□	□	□	□
jbe6	我感觉工作很挫折	□	□	□	□	□
jbe7	我感觉我工作上过于努力	□	□	□	□	□
jbe8	与人直接在一起工作使我承受了太多压力	□	□	□	□	□
jbe9	我感觉我到了世界末日	□	□	□	□	□
jbe10	我很容易就可以明白他人的感受	□	□	□	□	□
jbe11	我能很有效地处理他人的问题	□	□	□	□	□
jbe12	我感觉到我能够通过我的工作积极地影响他人的生活	□	□	□	□	□
jbe13	我感觉我充满活力	□	□	□	□	□
jbe14	我可以容易地与他人营造一个轻松的气氛	□	□	□	□	□
jbe15	当我与他人工作后，我感到很兴奋	□	□	□	□	□
jbe16	我在工作上已经完成了许多有意义的事情	□	□	□	□	□
jbe17	在工作中，我能够很冷静地处理情感问题	□	□	□	□	□
jbe18	我觉得我对待他人，就好像他们是非人的对象	□	□	□	□	□
jbe19	自从我工作后，我变得对人很无情	□	□	□	□	□

（续表）

		非常不同意	不同意	普通	同意	非常同意
		1	2	3	4	5
jbe20	我担心工作会使我情绪化	□	□	□	□	□
jbe21	我真的不在乎他人会发生什么	□	□	□	□	□
jbe22	我觉得他人会因为一些问题而责备我	□	□	□	□	□
dje1	我的工作日程安排是合理的	□	□	□	□	□
dje2	相对于我的工作量，我觉得薪资是合理的	□	□	□	□	□
dje3	我认为的工作负荷是公平合理的	□	□	□	□	□
dje4	整体而言，在这公司我所得到的奖励报酬是公平的	□	□	□	□	□
dje5	我认为所负担的责任是合理	□	□	□	□	□
fpe1	我的主管在做决策时，是不会偏心的	□	□	□	□	□
fpe2	我的主管在做决策之前，会倾听所有员工的心声	□	□	□	□	□
fpe3	我的主管在做决策之前，会搜集正确且完整的信息	□	□	□	□	□
fpe4	当员工要求解释某项决策时，我的主管会说明清楚并提供额外的信息	□	□	□	□	□
fpe5	公司里，所有跟工作有关的决策，对受影响的员工都一致适用	□	□	□	□	□
fpe6	公司员工可以对主管的决策，提出质疑或不同的意见	□	□	□	□	□
ije1	在做跟我工作有关的决策时，我的主管会用同理心来善待我	□	□	□	□	□
ije2	在做跟我工作有关的决策时，我的主管会以尊重的方式对待我	□	□	□	□	□
ije3	在做跟我工作有关的决策时，我的主管会考虑到我个人的需求	□	□	□	□	□
ije4	在做跟我工作有关的决策时，我的主管会用真诚的态度跟我讨论	□	□	□	□	□

（续表）

		非常不同意	不同意	普通	同意	非常同意
		1	2	3	4	5
ije5	在做跟我工作有关的决策时，我的主管会关心我应有的权利	□	□	□	□	□
ije6	在做和我工作有关的决策时，我的主管会和我讨论决策背后的意义与影响	□	□	□	□	□
ije7	在做跟我工作有关的决策时，我的主管会提供充分的理由	□	□	□	□	□
ije8	在做跟我工作有关的决策时，我的主管会提供让我觉得合理的解释	□	□	□	□	□
ije9	在做跟我工作有关的决策时，我的主管会解释得非常清楚	□	□	□	□	□

*以下为个人基本数据，此数据仅供整体统计分析，绝不对外公开，请您放心填写。	
1	性别：　男 □　　　　女 □
2	出生年：__________
3	学历：高中（含以下）□　大专 □　本科 □　硕士（含以上）□
4	您的职位级别：　一般员工 □　基层管理人员 □　中层管理人员 □　高层管理人员 □
5	您在此企业工作的年数：__________
6	您所在企业的性质：国有企业 □　民营企业 □　三资企业 □
7	您所在企业的规模：__________人
8	您所在团队的规模：__________人
本问卷到此结束，请再次确认是否每题均已回答，感谢您填答问卷！	

D　英文原始量表

1. Collectivism

Items	Description
co1	To me, pleasure is spending time with others
co2	I make an effort to avoid disagreements with my group members
co3	How I behave depends on who I am with, where I am, or both
co4	I would help, within my means, if a relative were in financial difficulty
co5	I would rather do a task in a group than do one alone
co6	Before making a decision, I always consult with others
co7	To understand who I am, you must see me with members of my group

2. Uncertainty Avoidance

Items	Description
ua1	I prefer structured situations to unstructured situations
ua2	I prefer specific instructions to broad guidelines
ua3	I tend to get anxious easily when I don't know an outcome
ua4	I feel stressful when I cannot predict consequences
ua5	I would not take risks when an outcome cannot be predicted
ua6	I believe that rules should not be broken for mere pragmatic reasons
ua7	I don't like ambiguous situations

3. Charismatic Leadership

Items	Description
cle1	Influences others by developing mutual liking and respect
cle2	Engages in unconventional behavior in order to achieve organizational goals
cle3	Entrepreneurial; seizes new opportunities in order to achieve goals
cle4	Shows sensitivity for the needs of the other members in the organization
cle5	Use nontraditional means to achieve organizational goals
cle6	Readily recognizes new environmental opportunities (favourable physical and social conditions) that may facilitate achievement of organizational objectives
cle7	Provides inspiring strategic and organizational goals

（续表）

Items	Description
cle8	Readily recognizes constraints in the physical environment （technological limitations，lack of resources，etc.） that may stand in the way of achieving organizational objectives
cle9	Takes high personal risks for the sake of the organization
cle10	Inspirational；able to motivate by articulating effectively the importance of what organizational members are doing
cle11	Consistently generates new ideas for the future of the organization
cle12	Exciting public speaker
cle13	Often expresses personal concern for the needs and feelings of other members in the organization
cle14	Often exhibits very unique behavior that surprises other members of the organization
cle15	Recognizes the abilities and skills of other members of the organization
cle16	Often incurs high personal cost for the good of the organization
cle17	Has vision；often brings up ideas about possibilities for the future
cle18	Readily recognizes constraints in the organization's social and cultural environment （cultural norms，lack of grass roots support，etc.） that may stand in the way of achieving organizational objectives
cle19	Recognizes the limitations of other members of the organization
cle20	In pursuing organizational objectives，engages in activities involving considerable personal risk

4. Narcissism

Items	Description
nae1	I know that I am good because everybody keeps telling me so
nae2	I like to be the center of attention
nae3	I think I am a special person
nae4	I like having authority over people
nae5	I find it easy to manipulate people
nae6	I insist upon getting the respect that is due me
nae7	I am apt to show off if I get the chance
nae8	I always know what I am doing

（续表）

Items	Description
nae9	Everybody likes to hear my stories
nae10	I expect a great deal from other people
nae11	I really like to be the center of attention
nae12	People always seem to recognize my authority
nae13	I am going to be a great person
nae14	I can make anybody believe anything I want them to
nae15	I am more capable than other people
nae16	I am an extraordinary person

5. Job Engagement

	Items	Description
Vigor	je1	When I get up in the morning, I feel like going to work
	je2	At my work, I feel bursting with energy
	je3	At my work I always persevere, even when things do not go well
	je4	I can continue working for very long periods at a time
	je5	At my job, I am very resilient, mentally
	je6	At my job I feel strong and vigorous
Dedication	je7	To me, my job is challenging
	je8	My job inspires me
	je9	I am enthusiastic about my job
	je10	I am proud on the work that I do
	je11	I find the work that I do full of meaning and purpose
Absorption	je12	When I am working, I forget everything else around me
	je13	Time flies when I am working
	je14	I get carried away when I am working
	je15	It is difficult to detach myself from my job
	Je16	I am immersed in my work
	Je17	I feel happy when I am working intensely

6. Organizational Justice

	Items	Description
Distributive Justice	dje1	My work schedule is fair
	dje2	I think that my level of pay is fair
	dje3	I consider my work load to be quite fair
	dje4	Overall, the rewards I receive here are quite fair
	dje5	I feel that my job responsibilities are fair
Procedural Justice	fpe1	Job decisions are made by the general manager in an unbiased manner
	fpe2	My general manager makes sure that all employee concerns are heard before job decisions are made
	fpe3	To make job decisions, my general manager collects accurate and complete information
	fpe4	My general manager clarifies decisions and provides additional information when requested by employees
	fpe5	All job decisions are applied consistently across all affected employees
	fpe6	Employees are allowed to challenge or appeal job decisions made by the general manager
Interactional Justice	ije1	When decisions are made about my job, the general manager treats me with kindness and consideration
	ije2	When decisions are made about my job, the general manager treats me with respect and dignity
	ije3	When decisions are made about my job, the general manager is sensitive to my personal needs
	ije4	When decisions are made about my job, the general manager deals with me in a truthful manner
	ije5	When decisions are made about my job, the general manager shows concern for my rights as an employee
	ije6	Concerning decisions made about my job, the general manager discusses the implications of the decisions with me
	ije7	The general manager offers adequate justification for decisions made about my job
	ije8	When making decisions about my job, the general manager offers explanations that make sense to me
	ije9	My general manager explains very clearly any decision made about my job

7. Job Burnout

	Items	Description
Emotional Exhaustion	jbe1	I feel emotionally drained from my work
	jbe2	I feel used up at the end of the workday
	jbe3	I feel fatigued when I get up in the morning and have to face another day on the job
	jbe4	Working with people all day is really a strain for me
	jbe5	I feel burned out from my work
	jbe6	I feel frustrated by my job
	jbe7	I feel I'm working too hard on my job
	jbe8	Working with people directly puts too much stress on me
	jbe9	I feel like I'm at the end of my rope
Personal Accomplishment	jbe10	I can easily understand how my recipients feel about things
	jbe11	I deal very effectively with the problems of my recipients
	jbe12	I feel I'm positively influencing other people's lives through my work
	jbe13	I feel very energetic
	jbe14	I can easily create a relaxed atmosphere with my recipients
	jbe15	I feel exhilarated after working closely with my recipients
	jbe16	I have accomplished many worthwhile things in this job
	jbe17	In my work, I deal with emotional problems very calmly
Depersonalization	jbe18	I feel I treat some recipients as if they were impersonal objects
	jbe19	I've become more callous toward people since I took this job
	jbe20	I worry that this job is hardening me emotionally
	jbe21	I don't really care what happens to some recipients
	jbe22	I feel recipients blame me for some of their problems

8. Task Performance

Items	Description
tp1	Employee's quantity of work is higher than average
tp2	The quality of work is much higher than average
tp3	The employee's efficiency is much higher than average
tp4	Employee's standards of work quality are higher than the formal standards for this job
tp5	Employee strives for higher quality work than required
tp6	Employee upholds highest professional standards
tp7	Employee's ability to perform core job tasks
tp8	Employee's judgment when performing core job tasks
tp9	Employee's accuracy when performing core job tasks
tp10	Employee's job knowledge with reference to core job tasks
tp11	Employee's creativity when performing core task

9. Organizational Citizenship Behavior (OCB)

	Items	Description
OCB-Interpersonal (OCB-I)	ocb1	Help others who have been absent
	ocb2	Willingly give your time to help others who have work-related problems
	ocb3	Adjust your work schedule to accommodate other employees' requests for time off
	ocb4	Go out of the way to make newer employees feel welcome in the work group
	ocb5	Show genuine concern and courtesy toward coworkers, even under the most trying business or personal situations
	ocb6	Give up time to help others who have work or nonwork problems
	ocb7	Assist others with their duties
	ocb8	Share personal property with others to help their work

(续表)

	Items	Description
OCB-Organizational (OCB-O)	ocb9	Attend functions that are not required but that help the organizational image
	ocb10	Keep up with developments in the organization
	ocb11	Defend the organization when other employees criticize it
	ocb12	Show pride when representing the organization in public
	ocb13	Offer ideas to improve the functioning of the organization
	ocb14	Express loyalty toward the organization
	ocb15	Take action to protect the organization from potential problems
	ocb16	Demonstrate concern about the image of the organization

10. Counterproductive Work Behavior (CWB)

	Items	Description
Interpersonal Deviance	cwb1	Made fun of someone at work
	cwb2	Said something hurtful to someone at work
	cwb3	Made an ethnic, religious, or racial remark at work
	cwb4	Cursed at someone at work
	cwb5	Played a mean prank on someone at work
	cwb6	Acted rudely toward someone at work
	cwb7	Publicly embarrassed someone at work
Organizational Deviance	cwb8	Taken property from work without permission
	cwb9	Spent too much time fantasizing or daydreaming instead of working
	cwb10	Falsified a receipt to get reimbursed for more money than you spent on business expenses
	cwb11	Taken an additional or longer break than is acceptable at your workplace
	cwb12	Come in late to work without permission
	cwb13	Littered your work environment
	cwb14	Neglected to follow your boss's instructions

（续表）

	Items	Description
Organizational Deviance	cwb15	Intentionally worked slower than you could have worked
	cwb16	Discussed confidential company information with an unauthorized person
	cwb17	Used an illegal drug or consumed alcohol on the job
	cwb18	Put little effort into your work
	cwb19	Dragged out work in order to get overtime

参考文献

[1] Ames D R, Rose P, Anderson C P. The NPI-16 as a short measure of narcissism[J]. Journal of Research in Personality, 2006, 40(4): 440-450.

[2] Andrews M C, Kacmar K M, Valle M. Regulatory focus and perceived self-value as predictors of work engagement [J]. Journal of Applied Management and Entrepreneurship, 2016, 21(1): 5-18.

[3] Ang S, Van Dyne L, Begley T M. The employment relationships of foreign workers versus local employees: A field study of organizational justice, job satisfaction, performance, and OCB[J]. Journal of Organizational Behavior, 2003, 24(5): 561-583.

[4] Aryee S, Budhwar P S, Chen Z X. Trust as a mediator of the relationship between organizational justice and work outcomes: Test of a social exchange model[J]. Journal of Organizational Behavior, 2002, 23(3): 267-285.

[5] Avolio B J, Walumbwa F O, Weber T J. Leadership: Current theories, research, and future directions[J]. Annual Review of Psychology, 2008, 60(1): 421-449.

[6] Antonovsky A. The salutogenic perspective: Toward a new view of health and illness [J]. Advances, 1987, 4(1): 47-55.

[7] Brewer G. Mind reading: What drives top salespeople to greatness[J]. Sales and Marketing Management, 1994, 146(5): 82-87.

[8] Brown S P, Peterson R A. The effect of effort on sales performance and job satisfaction [J]. Journal of Marketing, 1994, 58(2): 70-80.

[9] Bakker A B, Albrecht S L, Leiter M P. Work engagement: Further reflections on the state of play[J]. European Journal of Work and Organizational Psychology, 2011, 20 (1): 74-88.

[10] Bakker A B, Bal M P. Weekly work engagement and performance: A study among starting teachers[J]. Journal of Occupational and Organizational Psychology, 2010, 83 (1): 189-206.

[11] Bakker A B, Demerouti E. The job demands-resources model: State of the art[J].

Journal of Managerial Psychology, 2007, 22(3): 309-328.

[12] Bakker A B, Demerouti E. Towards a model of work engagement [J]. Career Development International, 2008, 13(3): 209-223.

[13] Bakker A B, Demerouti E, Sanz-Vergel A I. Burnout and work engagement: The JD-R approach[J]. Annual Review of Organizational Psychology and Organizational Behavior, 2014, 1(1): 89-97.

[14] Bakker A B, Schaufeli W B, Leiter M P, et al. Work engagement: An emerging concept in occupational health psychology[J]. Work & Stress, 2008, 22(3): 187-200.

[15] Bakker A B, Xanthopoulou D. The crossover of daily work engagement: Test of an actor-partner interdependence model[J]. Journal of Applied Psychology, 2009, 94(6): 1562-1575.

[16] Befu H. Social exchange[J]. Annual Review of Anthropology, 1977, 6(1): 255-281.

[17] Bennett, Robinson S L. Development of a measure of workplace deviance[J]. Journal of Applied Psychology, 2000, 85(3): 349-360.

[18] Bhattacharya A. Expectancy theory[J]. Nature, 2010, 464(7287): 456-456.

[19] Biggs A, Brough P, Barbour J P. Relationships of individual and organizational support with engagement: Examining various types of causality in a three-wave study[J]. Work & Stress, 2014, 28(3): 236-254.

[20] Bilsky W, Schwartz S H. Values and personality[J]. European Journal of Personality, 1994, 8(3): 163-181.

[21] Bledow R, Schmitt A, Frese M, et al. The affective shift model of work engagement [J]. Journal of Applied Psychology, 2011, 96(6): 1246-1257.

[22] Breevaart K, Bakker A. How leaders influence their followers' work engagement[J]. European Work and Organizational Psychology in Practice, 2013, 5(3): 31-35.

[23] Breevaart K, Bakker A, Hetland J, et al. Daily transactional and transformational leadership and daily employee engagement [J]. Journal of Occupational and Organizational Psychology, 2014, 87(1): 138-157.

[24] Brewer M B, Chen Y R. Where (who) are collectives in collectivism? Toward conceptual clarification of individualism and collectivism[J]. Psychological Review, 2007, 114(1): 133-151.

[25] Buffardi L E, Campbell W K. Narcissism and social networking web sites[J]. Personality and Social Psychology Bulletin, 2008, 34(10): 1303-1314.

[26] Bandura A. Self-efficacy: The exercise of control [J]. Journal of Cognitive Psychotherapy, 2005, 13(2): 28-41.

[27] Biddle B J, Thomas E J. Role theory: Concepts and research[J]. British Journal of

Sociology, 1966, 17(4): 442-450.

[28] Bagozzi R P, Yi Y. On the evaluation of structural equation models[J]. Journal of the Academy of Marketing Science, 1988, 16(1): 74-94.

[29] Baumgartner H, Homburg C. Applications of structural equation modeling in marketing and consumer research: A review[J]. International Journal of Research in Marketing, 1996, 13(2): 139-161.

[30] Bochner S, Hesketh B. Power distance, individualism/collectivism, and job-related attitudes in a culturally diverse work group[J]. Journal of Cross-Cultural Psychology, 1994, 25(2): 233-257.

[31] Campbell J P. The role of theory in industrial and organizational psychology[M]// Dunnette M D, Hough L M. Handbook of Industrial and Organizational Psychology. Palo Alto, California: Consulting Psychologists Press, 1990: 39-73.

[32] Campbell W K, Hoffman B J, Campbell S M, et al. Narcissism in organizational contexts[J]. Human Resource Management Review, 2011, 21(4): 268-284.

[33] Catherine L, Julian B. Young workers' work values, attitudes, and behaviours[J]. Journal of Occupational and Organizational Psychology, 2001, 74(4): 543-558.

[34] Chou S Y, Pearson J M. Organizational citizenship behaviour in IT professionals: An expectancy theory approach[J]. Management Research Review, 2012, 35 (12): 1170-1186.

[35] Christian M S, Garza A S, Slaughter J E. Work engagement: A quantitative review and test of its relations with task and contextual performance[J]. Personnel Psychology, 2011, 64(1): 89-136.

[36] Clercq D, Bouckenooghe D, Raja U, et al. Unpacking the goal congruence — organizational deviance relationship: The roles of work engagement and emotional intelligence[J]. Journal of Business Ethics, 2014, 124(4): 695-711.

[37] Colquitt J A, Shaw J C. Handbook of Organizational Justice[M]. Mahwah NJ: Lawrence Erlbaum Associates Publishers, 2005: 113-152.

[38] Colquitt J A, Conlon D E, Wesson M J, et al. Justice at the millennium: A meta-analytic review of 25 years of organizational justice research[J]. Journal of Applied Psychology, 2001, 86(3): 425-445.

[39] Conger J A, Kanungo R N, Menon S T. Charismatic leadership and follower effects[J]. Journal of Organizational Behavior, 2000, 21(7): 747-767.

[40] Cropanzano R, Goldman B M, Folger R. Self-interest: Defining and understanding a human motive[J]. Journal of Organizational Behavior, 2005, 26(8): 985-991.

[41] Cravens D W, Woodruff R B. An approach for determining criteria of sales performance

[J]. Journal of Applied Psychology，1973，57(3)：242-245.

[42] Dalal R S. A meta-analysis of the relationship between organizational citizenship behavior and counterproductive work behavior[J]. Journal of Applied Psychology，2005，90(6)：1241-1255.

[43] Demerouti E，Bakker A B，Gevers，J M P. Job crafting and extra-role behavior：The role of work engagement and flourishing[J]. Journal of Vocational Behavior，2015，91(5)：87-96.

[44] Demerouti E，Bakker A B，Nachreiner F，et al. The job demands-resources model of burnout[J]. Journal of Applied Psychology，2001，86(3)：499-512.

[45] Demerouti E，Bakker A B，Schaufeli W B. Spillover and crossover of exhaustion and life satisfaction among dual-earner parents[J]. Journal of Vocational Behavior，2005，67(2)：266-289.

[46] Demerouti E，Bakker A B，Sonnentag S，et al. Work-related flow and energy at work and at home：A study on the role of daily recovery[J]. Journal of Organizational Behavior，2012，33(2)：276-295.

[47] Dvir T，Eden D，Avolio B J，et al. Impact of transformational leadership on follower development and performance：A field experiment[J]. Academy of Management Journal，2002，45(4)：735-744.

[48] Doll W J，Xia W，Torkzadeh G. A confirmatory factor analysis of the end-user computing satisfaction instrument[J]. MIS Quarterly，1994，18(4)：453-461.

[49] Eaton J，Struthers C W，Santelli A G. Dispositional and state forgiveness：The role of self-esteem，need for structure，and narcissism[J]. Personality and Individual Differences，2006，41(2)：371-380.

[50] Fiske A P. Using individualism and collectivism to compare cultures—a critique of the validity and measurement of the constructs：Comment on Oyserman et al. [J]. Psychological Bulletin，2002，128(1)：78-88.

[51] Frijns B，Gilbert A，Lehnert T，et al. Uncertainty avoidance，risk tolerance and corporate takeover decisions[J]. Journal of Banking & Finance，2013，37(7)：2457-2471.

[52] Fornell C，Larcker D F. Structural equation models with unobservable variables and measurement error：Algebra and statistics[J]. Journal of Marketing Research，1981，18(3)：382-388.

[53] Garrick A，Mak A S，Cathcart S，et al. Psychosocial safety climate moderating the effects of daily job demands and recovery on fatigue and work engagement[J]. Journal of Occupational and Organizational Psychology，2014，87(4)：694-714.

[54] Greenberg, J. Organizational justice: Yesterday, today, and tomorrow[J]. Journal of Management, 1990, 16(2): 399-432.

[55] Greifer A N. Occupational resilience: Protective factors among clinical social workers [J]. Research on Social Work Practice, 2005, 22(6), 626-637.

[56] Gruys M L, Sackett P R. Investigating the dimensionality of counterproductive work behavior[J]. International Journal of Selection and Assessment, 2003, 11(1): 30-42.

[57] Hair Joseph F Jr, Black W C, Babin B J, et al. Multivariate Data Analysis[M]. 6th ed. New York: Pearson, 2006.

[58] Hakanen J J, Perhoniemi R, Toppinen-Tanner S. Positive gain spirals at work: From job resources to work engagement, personal initiative and work-unit innovativeness[J]. Journal of Vocational Behavior, 2008, 73(1): 78-91.

[59] Hakanen J J, Schaufeli W B, Ahola K. The job demands-resources model: A three-year cross-lagged study of burnout, depression, commitment, and work engagement[J]. Work & Stress, 2008, 22(3): 224-241.

[60] Halbesleben J R. A meta-analysis of work engagement: Relationships with burnout, demands, resources, and consequences[M]// Bakker A B, Leiter M P. Work Engagement: A Handbook of Essential Theory and Research: Volume 8. New York: Psychology Press, 2010: 102-117.

[61] Halbesleben J R, Harvey J, Bolino M C. Too engaged? A conservation of resources view of the relationship between work engagement and work interference with family [J]. Journal of Applied Psychology, 2009, 94(6): 1452-1461.

[62] Hallberg U E, Schaufeli W B. "Same same" but different? Can work engagement be discriminated from job involvement and organizational commitment? [J]. European Psychologist, 2006, 11(2): 119-127.

[63] Hamamura T. Are cultures becoming individualistic? A cross-temporal comparison of individualism-collectivism in the United States and Japan[J]. Personality and Social Psychology Review, 2012, 16(1): 3-24.

[64] Hardisty D J, Pfeffer J. Intertemporal uncertainty avoidance: When the future is uncertain, people prefer the present, and when the present is uncertain, people prefer the future[J]. Management Science, 2016, 63(2): 519-527.

[65] Harter J K, Schmidt F L, Hayes T L. Business-unit-level relationship between employee satisfaction, employee engagement, and business outcomes: A meta-analysis [J]. Journal of Applied Psychology, 2002, 87(2): 268-279.

[66] Harter J K, Schmidt F L, Asplund J W, et al. Causal impact of employee work perceptions on the bottom line of organizations[J]. Perspectives on Psychological

Science, 2010, 5(4), 378-389.

[67] He X, Sebanz N, Sui J, et al. Individualism-collectivism and interpersonal memory guidance of attention[J]. Journal of Experimental Social Psychology, 2014,54(102): 102-114.

[68] Hobfoll, S. E. Conservation of resources: A new attempt at conceptualizing stress[J]. American Psychologist, 1989, 44(3): 513-521.

[69] Hofstede, G. Comparing behaviors across nations—some suggestions to Levine and Norenzayan[J]. Cross-Cultural Psychology Bulletin, 2001, 35(3): 27-29.

[70] Hooft E A J V, Jong M D. Predicting job seeking for temporary employment using the theory of planned behaviour: The moderating role of individualism and collectivism[J]. Journal of Occupational and Organizational Psychology, 2009, 82(2): 295-316.

[71] Horn D, Mathis C J, Robinson S L, et al. Is charismatic leadership effective when workers are pressured to be good citizens? [J]. Journal of Psychology, 2015, 149(8): 751-774.

[72] Huseman R C, Hatfield J D, Miles E W. A new perspective on equity theory: The equity sensitivity construct [J]. Academy of Management Review, 1987, 12 (2): 222-234.

[73] Judge T A, Bretz R D. The effects of work values on job choice decisions[J]. Journal of Applied Psychology, 1992, 77(3): 261-271.

[74] Jung J M, Kellaris J J. Cross-national differences in proneness to scarcity effects: The moderating roles of familiarity, uncertainty avoidance, and need for cognitive closure [J]. Psychology & Marketing, 2004, 21(9): 739-753.

[75] Kühnel J, Sonnentag S, Bledow R. Resources and time pressure as day-level antecedents of work engagement[J]. Journal of Occupational and Organizational Psychology, 2012, 85(1): 181-198.

[76] Kühnel J, Sonnentag S, Westman M. Does work engagement increase after a short respite? The role of job involvement as a double-edged sword [J]. Journal of Occupational and Organizational Psychology, 2009, 82(3): 575-594.

[77] Kahn W A. Psychological conditions of personal engagement and disengagement at work [J]. Academy of Management Journal, 1990, 33(4): 692-724.

[78] Kai H L, Leung K, Sia C L, et al. Is ecommerce boundary-less? Effects of individualism—collectivism and uncertainty avoidance on Internet shopping[J]. Journal of International Business Studies, 2004, 35(6): 545-559.

[79] Kark R, Shamir B, Chen G. The two faces of transformational leadership: Empowerment and dependency [J]. Journal of Applied Psychology, 2003, 88 (2):

246-255.

[80] Kataria A, Garg P, Rastogi R. Does psychological climate augment OCBs? The mediating role of work engagement[J]. The Psychologist-Manager Journal, 2013, 16(4): 217-236.

[81] Keyko, K. Work engagement in nursing practice: A relational ethics perspective[J]. Nursing Ethics, 2014, 21(8): 879-889.

[82] Kim H J, Shin K H, Swanger N. Burnout and engagement: A comparative analysis using the Big Five personality dimensions[J]. International Journal of Hospitality Management, 2009, 28(1): 96-104.

[83] Kim T Y, Liu Z Q, Diefendorff J M. Leader-member exchange and job performance: The effects of taking charge and organizational tenure[J]. Journal of Organizational Behavior, 2015, 36(2): 216-231.

[84] Konovsky M A, Pugh S D. Citizenship behavior and social exchange[J]. Academy of Management Journal, 1994, 37(3): 656-669.

[85] Kovjanic S, Schuh S C, Jonas K. Transformational leadership and performance: An experimental investigation of the mediating effects of basic needs satisfaction and work engagement[J]. Journal of Occupational and Organizational Psychology, 2013, 86(4): 543-555.

[86] Lee J A, Garbarino E, Lerman D. How cultural differences in uncertainty avoidance affect product perceptions[J]. International Marketing Review, 2007, 24(3): 330-349.

[87] Lu L, Kao S F, Siu O L, et al. Work stressors, Chinese coping strategies, and job performance in greater China[J]. International Journal of Psychology, 2010, 45(4): 294-302.

[88] Lee K, Allen N J. Organizational citizenship behavior and workplace deviance: The role of affect and cognitions[J]. Journal of Applied Psychology, 2002, 87(1): 131-139.

[89] Levay C. Charismatic leadership in resistance to change[J]. The Leadership Quarterly, 2010, 21(1): 127-143.

[90] Luthans F. The need for and meaning of positive organizational behavior[J]. Journal of Organizational Behavior, 2002, 23(6): 695-706.

[91] Luthans F, Peterson S J. Employee engagement and manager self-efficacy[J]. Journal of Management Development, 2002, 21(5): 376-387.

[92] Levy K N, Reynoso J S, Wasserman R H, et al. Narcissistic personality disorder[J]. Practice Nurse, 2007, 51(7): 23-43.

[93] Liu S S. A research note: Reward perceptions of Hong Kong and mainland Chinese sales personnel[J]. Journal of Personal Selling & Sales Management, 1998, 18(3): 47-

55.
[94] Macey W H, Schneider B. The meaning of employee engagement[J]. Industrial and Organizational Psychology, 2008, 1(1): 3-30.
[95] Maslach C, Jackson S E. The measurement of experienced burnout[J]. Journal of Organizational Behavior, 1981, 2(2): 99-113.
[96] Maslach C, Leiter M P. Early predictors of job burnout and engagement[J]. Journal of Applied Psychology, 2008, 93(3): 498-512.
[97] Maslach C, Schaufeli W B, Leiter M P. Job burnout [J]. Annual Review of Psychology, 2001, 52(1): 397-422.
[98] May D R, Gilson R L, Harter L M. The psychological conditions of meaningfulness, safety and availability and the engagement of the human spirit at work[J]. Journal of Occupational and Organizational Psychology, 2004, 77(1): 11-37.
[99] Merkin R S. Uncertainty avoidance and facework: A test of the Hofstede model[J]. International Journal of Intercultural Relations, 2006, 30(2): 213-228.
[100] Miller J G. Bring culture to basic psychological theory — beyond individualism and collectivism: Comment on Oyserman et al[J]. Psychological Bulletin, 2002, 128(1): 97-109.
[101] Motowidlo S J, Van Scotter J R. Evidence that task performance should be distinguished from contextual performance[J]. Journal of Applied Psychology, 1994, 79(4): 475-480.
[102] Niehoff B P, Moorman R H. Justice as a mediator of the relationship between methods of monitoring and organizational citizenship behavior[J]. Academy of Management Journal, 1993, 36(3): 527-556.
[103] Ouweneel A, Le Blanc P M, Schaufeli W B, et al. Good morning, good day: A diary study on positive emotions, hope, and work engagement[J]. Human Relations, 2012, 65(9): 1129-1154.
[104] Oyserman D, Lee S W. Does culture influence what and how we think? Effects of priming individualism and collectivism [J]. Psychological Bulletin, 2008, 134 (2): 311-342.
[105] Oldham G R, Hackman J R. Not what it was and not what it will be: The future of job design research[J]. Journal of Organizational Behavior, 2010, 31(2): 463-479.
[106] Pincus A L, Lukowitsky M R. Pathological narcissism and narcissistic personality disorder[J]. Annual Review of Clinical Psychology, 2009, 6(1): 421-446.
[107] Reimann M, Luenemann U, Chase R. Uncertainty avoidance as a moderator of the relationship between perceived service quality and customer satisfaction[J]. Journal of

Service Research, 2011, 11(1): 63-73.

[108] Rhodewalt F, Eddings S K. Narcissus reflects: Memory distortion in response to ego-relevant feedback among high- and low-narcissistic men[J]. Journal of Research in Personality, 2002, 36(2): 97-116.

[109] Rich B L, LePine J A, Crawford E R. Job engagement: Antecedents and effects on job performance[J]. Academy of Management Journal, 2010, 53(3): 617-635.

[110] Rothbard N P. Enriching or depleting? The dynamics of engagement in work and family roles[J]. Administrative Science Quarterly, 2001, 46(4): 655-684.

[111] Sin L Y M, Yau O H M. The antecedents and consequences of role stress among Chinese salespersons: An exploratory study in Hong Kong[J]. Asia Pacific Journal of Marketing and Logistics, 1995, 7(1/2): 62-86.

[112] Saks A M. Antecedents and consequences of employee engagement[J]. Journal of Managerial Psychology, 2006, 21(7): 600-619.

[113] Salanova M, Llorens S, Schaufeli W B. "Yes, I can, I feel good, and I just do it!" on gain cycles and spirals of efficacy beliefs, affect, and engagement[J]. Applied Psychology, 2011, 60(2): 255-285.

[114] Salanova M, Schaufeli W B. A cross-national study of work engagement as a mediator between job resources and proactive behaviour[J]. International Journal of Human Resource Management, 2008, 19(1): 116-131.

[115] Schaufeli W B, Bakker A B. Job demands, job resources, and their relationship with burnout and engagement: A multi-sample study[J]. Journal of Organizational Behavior, 2004, 25(3): 293-315.

[116] Schaufeli W B., Dierendonck D V. The construct validity of two burnout measures[J]. Journal of Organizational Behavior, 1993, 14(7): 631-647.

[117] Schaufeli W B, Salanova M, González-Romá V, et al. The measurement of engagement and burnout: A two sample confirmatory factor analytic approach[J]. Journal of Happiness Studies, 2002, 3(1): 71-92.

[118] Schaufeli W B, Bakker A B, Rhenen W V. How changes in job demands and resources predict burnout, work engagement, and sickness absenteeism[J]. Journal of Organizational Behavior, 2009, 30(7): 893-917.

[119] Schneider B, Macey W H, Barbera K M, et al. Driving customer satisfaction and financial success through employee engagement[J]. People and Strategy, 2009, 32(2): 22-29.

[120] Slåtten T, Mehmetoglu M. Antecedents and effects of engaged frontline employees: A study from the hospitality industry[J]. Journal of Service Theory and Practice, 2011,

21(1)：88-107.

[121] Sonnentag S，Mojza E J，Demerouti E，et al. Reciprocal relations between recovery and work engagement：The moderating role of job stressors[J]. Journal of Applied Psychology，2012，97(4)：842-853.

[122] Ten Brummelhuis，Lieke L，Bakker A B. A resource perspective on the work-home interface：The work-home resources model[J]. American Psychologist，2012，67(7)：545-556.

[123] Tims M，Bakker A B，Derks D. The impact of job crafting on job demands，job resources，and well-being[J]. Journal of Occupational Health Psychology，2013，18(2)：230-241.

[124] Tims M，Bakker A B，Xanthopoulou D. Do transformational leaders enhance their followers' daily work engagement? [J]. The Leadership Quarterly，2011，22(1)：121-131.

[125] Triandis H C，McCusker C，Betancourt H，et al. An etic-emic analysis of individualism and collectivism[J]. Journal of Cross-Cultural Psychology，1993，24(3)：366-383.

[126] Tsui A S，Pearce J L，Porter L W，et al. Alternative approaches to the employee-organization relationship：Does investment in employees pay off?[J]. Academy of Management Journal，1997，40(5)：1089-1121.

[127] Tuckey M R，Bakker A B，Dollard M F. Empowering leaders optimize working conditions for engagement：A multilevel study[J]. Journal of Occupational Health Psychology，2012，17(1)：15-21.

[128] Twenge J M，Konrath S，Foster J D，et al. Egos inflating over time：A cross-temporal meta-analysis of the narcissistic personality inventory[J]. Journal of Personality，2008，76(4)：875-902.

[129] Van Scotter J，Motowidlo S J，Cross T C. Effects of task performance and contextual performance on systemic rewards[J]. Journal of Applied Psychology，2000，85(4)：526-535.

[130] Vries H D，Dijkstra M，Kuhlman P. Self-efficacy：The third factor besides attitude and subjective norm as a predictor of behavioural intentions[J]. Health Education Research，1988，3(3)：273-282.

[131] Waldman D A，Javidan M. Alternative forms of charismatic leadership in the integration of mergers and acquisitions[J]. The Leadership Quarterly，2009，20(2)：130-142.

[132] Xanthopoulou D，Bakker A B，Heuven E，et al. Working in the sky：A diary study on

work engagement among flight attendants [J]. Journal of Occupational Health Psychology, 2008, 13(4): 345-353.

[133] Xanthopoulou D, Bakker A B, Demerouti E, et al. The role of personal resources in the job demands-resources model [J]. International Journal of Stress Management, 2007, 14(2): 121-132.

[134] Xanthopoulou D, Bakker A B, Demerouti E, et al. Reciprocal relationships between job resources, personal resources, and work engagement [J]. Journal of Vocational Behavior, 2009, 74(3): 235-244.

[135] Xanthopoulou D, Bakker A B, Demerouti E, et al. Work engagement and financial returns: A diary study on the role of job and personal resources [J]. Journal of Occupational and Organizational Psychology, 2009, 82(1): 183-200.

[136] Xanthopoulou D, Bakker A B, Ilies R. Everyday working life: Explaining within-person fluctuations in employee well-being [J]. Human Relations, 2012, 65(9): 1051-1069.

[137] Yoo J J, Arnold T J. Customer orientation, engagement, and developing positive emotional labor[J]. The Service Industries Journal, 2014, 34(16): 1272-1288.

[138] Zhong L, Wayne S J, Liden R C. Job engagement, perceived organizational support, high-performance human resource practices, and cultural value orientations: A cross-level investigation[J]. Journal of Organizational Behavior, 2016, 37(6): 823-844.

后　　记

本书得以顺利完成，首先最感谢的人就是我的父母：吴红月女士和尹克伟先生。他们为了我的成长倾注了大量精力，一直无私奉献地支持我上学和读书，送我去国外留学。正是因为有了他们的伟大付出才使我取得如今的一点成就。

本书的主要内容是根据我在职读博期间的博士论文改编而成的。在职读博非常辛苦，需要一边工作、一边读博和写论文。过程虽然艰难，但成果令人欣慰：大量时间和精力的投入，使我得以完成这篇管理学的博士论文。

本书的研究主要关注电脑销售行业员工的工作投入方面，由于电脑销售行业面临着激烈的行业竞争和销售业绩的要求，销售人员的竞争和生存压力比较大，因此针对销售员工的工作投入的研究，对于如何提高他们的工作投入以及缓解销售人员的工作压力，都有一定的现实意义。本研究采用结构方程模型的分析方法，构建员工工作投入的前因与后果的模型，进行定性和定量的实证研究。本书构建的员工工作投入模型可以为后续其他类似的研究提供参考和依据。